光华 MBA 校企联合课程系列

创新赢天下

九大商界领袖谈创新

张亚勤 张维迎 ◎ 主编

北京大学出版社

图书在版编目(CIP)数据

创新赢天下:九大商界领袖谈创新/张亚勤等主编. —北京:北京大学出版社,2010.1

ISBN 978-7-301-16397-9

Ⅰ.创… Ⅱ.张… Ⅲ.企业管理-技术革新-研究生-教材 Ⅳ.F273.1

中国版本图书馆 CIP 数据核字(2009)第 222692 号

书　　　名:创新赢天下——九大商界领袖谈创新
著作责任者:张亚勤　张维迎　主编
责 任 编 辑:何耀琴
标 准 书 号:ISBN 978-7-301-16397-9/F·2379
出 版 发 行:北京大学出版社
地　　　址:北京市海淀区成府路 205 号　100871
网　　　址:http://www.pup.cn　电子邮箱:em@pup.pku.edu.cn
电　　　话:邮购部 62752015　发行部 62750672　编辑部 62752926
　　　　　　出版部 62754962
印 刷 者:北京宏伟双华印刷有限公司
经 销 者:新华书店
　　　　　720 毫米×1020 毫米　16 开本　14.75 印张　204 千字
　　　　　2010 年 1 月第 1 版　2010 年 1 月第 1 次印刷
印　　　数:0001—6000 册
定　　　价:36.00 元

未经许可,不得以任何方式复制或抄袭本书之部分或全部内容。
版权所有,侵权必究
举报电话:010-62752024　电子邮箱:fd@pup.pku.edu.cn

序 言

创新时代的管理

我们现在这个时代,有人称之为高科技时代、信息时代,还有人称之为知识经济时代,其实我们可以将其统称为创新时代。这一时代的主要特征就是科学技术日新月异,持续创新成为企业发展的重要基石。

在这一充满变化的时代,要使社会财富的创造主体——企业基业长青,就要求我们的企业家、管理者把握创新本质,不断超越自己。

首先,要从思想上充分认识到创新不仅是技术人员的职责,而且更是企业家的基本职能,并且创新本身也必须是能落在实处、具有商业价值的行动,而非虚无缥缈、囿于想象的行为。举个简单的例子,微软大家都知道,那是走在创新最前沿的一个企业。而事实上微软最成功的创新,并不仅仅在于技术,许多最成功的技术并不是微软第一个发明的。微软之所以成功的真谛,在于比尔·盖茨在大一开始做企业的时候,就创立了一个产业——软件产业。在微软之前,这个世界没有软件产业,是比尔·盖茨把软件和硬件分离开来,创立了软件这个全新的产业。显然,这一产业创新的核心是全新商业模式的创立,而非仅仅技术创新使然。

其次,创新时代对企业家的能力提出了具体要求。目前,我们的企业家、管理者到底该具备什么样的能力,才能推动企业不断创新这一课题已经成为企业发展的关键问题。实际上他们并不需要如比尔·盖茨那样精通技术,但是却一定需要具备能够穿透层层云雾看清未来的能力,必须能够了解技术的发展趋势、未来前景以及应用范围。一个人预见未来的能力越强,他成为企业家的可能性就越大,而作为企业家,他成功的几率也更高。显见的例子还是比尔·盖茨,当计算机大得还需要一个屋子才能装得下的时候,他已经预见到了每个桌子上都要装一台电脑的未来。正是比尔·盖茨这一高瞻远瞩创造了微软的辉煌。

创造性的破坏,也许是创新中最难令人接受的。美国的一个经济学家熊彼特,他是创新之父,许多与企业创新有关的思想都来自于他。熊彼特曾说过"创新是创造性的破坏",也就是说创新意味着你要毁灭自己的过去,创新意味着你要毁灭这个产业里成功企业的过去。我们知道现代的好多技术都毁灭了过去,如 Walkman 否定了原来的唱机,DVD 否定了原来的录像机,直到这个产业的毁灭……在我们现在看来,这些否定过去的创新似乎天经地义,然而有些公司却很难做到这一点。比如,完全有能力在便携音频行业继续领先的索尼公司,因为无法否定过去成功的 Walkman,导致无法在 MP3、MP4 这些方面取得创新。微软在 20 世纪 90 年代早期的时候,曾不看好互联网,也是因为对 PC 情有独钟。所幸的是,微软有勇气及时否定了自己对产业的错误判断。

关于对创新的认识,我认为还有非常重要的一点,就是创新应该是一个公司行为,而不是个人行为。我们不要认为创新只是某些聪明脑袋灵感的泄露,创新实质上应该有一个正规化的、常规化的操作程序。作为一个成功的企业,它所具有的创新能力也是来自整个制度的设计。在这一点上,中国的企业相对来说做得还是比较差。在中国,创新大多仍属于个人行为,我国将近三分之二的专利是个人发明,而不是公司专利,这个比例在美国恰恰倒过来。这其中一个重要原因就是我们中国的好多企业在创新上舍不得花钱,而舍不得花钱的原因是中国公司对创新缺乏深刻的认识。

还有一点,我们必须着重强调——创新是一个持续的、持之以恒的过程,也就是说,企业要实现创新,我们的企业家、管理者就必须要有足够的耐心、长远的目光——没有任何一个创新能够即刻实现,任何一个创新也不会对企业发展产生立竿见影的效果。宝洁公司在60年代开发出的婴儿一次性尿布,从开始研发到真正投入市场整整花了十年的时间。这一漫长的过程不是由于技术问题,而是尿布的价格降低到市场可接受的程度整整耗费了十年光阴。

好多的创新可能在眼前看不出成果,但是它为企业未来的大发展提供了基础,因此我们有没有持之以恒的心态来做这件事儿就变得特别重要。而本书的作者们利用他们丰富的创新经验和创业经历,向大家讲述了创新过程中遇见的一系列问题,并与大家一起分享他们艰辛创业后的成功和坚持创新后的快乐。同时告诫大家在创新中一定要有长远的目光和坚持的恒心,切忌着急和浮躁——不要企图用最短的时间通过创新出一个技术、产品,就能够很快占领全部的市场,或者很大的市场。

创新对企业来说至关重要,在目前经济全球化的格局下,创新对企业的持续发展意义尤其重大。改革开放的大政方针给我们的企业提供了参与全球竞争的"入场券",但是能否屹立于世界企业之林,还要看我们的企业能否通过技术、商务等创新打造出核心竞争力。而要实现持续的技术创新、商业创新并不仅仅靠几个企业的研发投入就能实现,它需要全社会的共同努力,套用一句现成的话就是"推进创新,人人有责"。

而这也是本书出版的初衷之一。我们的社会要想成为一个创新的社会,首先必须要有自由的思维方式,而这又取决于我们基础教育方式的改变;其次还要形成一些核心的价值观念,如创新风险、知识产权保护、自由竞争,等等。本书的作者们就是就这诸多问题,和大家分享经验、交流思想、阐述理论,同时更希望通过本书引导大家进行深入的思索,以让我们的社会早日形成一个真正良好的创新环境,让我们的创新之路越走越好,越走越远……

北京大学光华管理学院院长　张维迎
2009年11月

目录

• 第 一 讲 •

创新赢天下
张亚勤
微软全球资深副总裁 | 001

精彩导读：对于IT企业来说，有形的资产其实非常有限，最重要的是两个核心要素，一个是IQ，一个是IP。IQ就是Talent，是智力资源，也就是聪明的人才；IP则是创新成果，也就是知识产权。

• 第 二 讲 •

阿里巴巴的生存之道
马云
阿里巴巴集团主席及首席执行官 | 029

精彩导读：2000年、2001年，阿里巴巴的状态是极其糟糕的。为什么？因为当时人们看不起互联网，认为电子商务不可靠，阿里巴巴的名字听起来也古里古怪的。那个时候，我们招人真难，我们开玩笑说，只要没有太大问题的人我们公司都要。

• 第 三 讲 •

创新商业模式：为什么是搜索引擎？
李彦宏
百度董事长兼首席执行官 | 057

精彩导读：2007年，在美国证券市场上有四家公司的股票交易是最活跃的，一个是Google，一个是百度,还有苹果以及另一家叫做 Research In Motion 的公司。这四个公司里有两家都是搜索引擎公司。为什么搜索引擎公司这么热?

第四讲

新媒体产业的未来看中国
季卫东
摩根士丹利董事总经理　　075

精彩导读:究竟什么是好的商业模式?我有一个投资金字塔,在这个金字塔的底端是以产品为中心的商业模式,如网络游戏公司。在金字塔的最顶端是以社区为中心的公司,如腾讯这样的公司。为什么呢?因为根据我的统计,腾讯差不多 50% 以上的内容是由用户生成的,腾讯新的用户有 50% 是现有的用户带来的。

第五讲

移动通信:价值链和企业创新
王建宙
中国移动通信集团公司总裁　　105

精彩导读:科学家弗里曼·戴森(Freeman Dyson)有一句话,他说技术革命就像是一种爆炸,它撕裂了我们的祖先留给我们的一个静止的世界,取而代之的是一个转速加快了1 000 倍的地球。我觉得这段话很震撼也很真实。从移动通信发展的角度来说,地球的转速加快了1 000 倍,一点都不过分,这是我们亲身经历的。

第六讲

风险投资:打造中国人自己的"微软"
田溯宁
中国宽带产业基金主席　　131

精彩导读:在选择外资还是本国企业的问题上,我不是一个民族主义者,我在国外待了一段时间,知道西方有很多好的东西。要想做简单的、规范的事情,选择西方的企业可能更规范一些。但是要想做大事儿、复杂的事情,就一定选择中国人自己的企业,因为我们的使命,就是要创造未来的花旗,中国人的摩根士丹利,我们要做西方在一百年前完成的事情。

第七讲

中国:大萧条后的创业新天堂
熊晓鸽
IDG 全球常务副总裁兼亚洲区总裁　　157

精彩导读:很多人问我,在金融危机下,商业模式的创新到底什么为王?渠道为王、技术为王,还是内容为王?我说未来一定是中国的内容为王。以电影为例,美国历史上赚钱最多的是《泰坦尼克号》。可是这部电影拍了四次,每次都重复一样的故事。可以看出,西方文化能够从题材上找到的内容比较少。而中国则有很多这样的内容,只是我们没有用商业的方法把它变成一种盈利。

第八讲
科技企业与自主创新
张景安
科技日报社社长 | 181

精彩导读:撒切尔夫人说过一句话:英国目前在高科技领域落后美国十年,并不是英国的大学差、教育差,也不是英国没有人才,而是缺乏风险投资市场。这个观点对我们国家来说也有一定的借鉴意义,而且高科技创新对资本市场需要比人家更迫切。

第九讲
构建全球化的创新体系
贺志强
联想研究院院长 | 203

精彩导读:如果我们看联想现在的创新体系,有一点我觉得非常自豪,就是联想的创新三角。我们日本YAMATO的研发、美国的研发和中国的研发,这三地的运作非常有特点。如果你真的去做全球竞争的时候就会发现,必须要用不同民族最优秀的人才,这叫多元化,你会发现这样创新才会真的有竞争力。

第一讲
创新赢天下

张亚勤
微软全球资深副总裁

讲到技术创新，首先要看是否该采用这样的技术，然后考虑目标市场、用户群是否适合采用该技术，然后再决定怎样去应用这个技术，或者将技术产品化并推向市场后，怎样服务用户。对企业管理者来说，这些因素有时甚至比技术原创更重要。

北京大学光华学院这个讲座的主题是"科技创新时代的管理"。这是一门很有特点的课程。

第一，主讲者均为"科技创新时代的管理"的实践者，在所在的产业和企业里，他们拥有多年的经验积淀并在各自的领域取得巨大成功。

第二，这门课程的内容涉及"科技创新时代的管理"的各个方面，包括创新的模式、机制、文化、环境等，以及创新本身对企业战略的关键性影响。

如果我还在学生时代，我会希望自己也能有时间来听听这门课——不过我知道这门课的票很难拿到。我收到很多 E-mail 和短信，希望能一起来听讲，但我自己也只有一张票。

在这门课上，我讲的内容侧重于高科技企业（特别是 IT 企业）的创新模式、机制和文化，以及这些企业青睐什么样的人才，尤其是领军人才。

我在微软工作期间，经常会有一些领导要来参观。有的领导想看看我们在北京的研发集团，有的领导希望去微软位于西雅图的总部去访问。我说，"当然很欢迎各位领导来参观指导，但是可能你多半会失望，因为在微软，你看不到大的厂房，看不到流水线，看不到很多的建筑，你所看到的，就是人脑和电脑"。所以，对于 IT 企业来说，有形的资产其实非常有限，最重要的是两个核心要素，一个是 IQ，一个是 IP。IQ 就是 Talent，是智力资源，也就是聪明的人才；IP 则是创新成果，也就是知识产权。

掌握了 IQ 和 IP，也就赢得了开启 IT 和"科技创新"未来的金钥匙。

第一节　创新的轮回

首先，我们一起回顾一下两千年来世界经济版图的变化——在过往的漫长岁月里，中国一度是世界经济的中心。如果您读过安格斯·麦迪森的《世界经济千年史》，就会发现，在汉代、唐代、宋代、元代直到明代，中国的 GDP 始终位列全球第一，那时候，中国是全球最大的经济实体。然而，从 16 世纪开始，文明从内陆走向海洋，全球经济的中心随之从中国转移到欧洲。特别是 18 世纪中期，欧洲的工业革命加速了这个进程。

工业革命肇始于欧洲主要有两个重要的原因。第一个原因是以瓦特蒸汽机为标志的技术革命；第二个原因则可能许多人都不知道——英国颁布了有史以来第一个保护专利的制度，这就使得创新的结果（IPR）能够得到认可，进而创造价值，也使更多的人愿意投身于技术创新。创新的"正循环"由此产生。

到了 20 世纪，世界经济中心又转移到美国。之所以发生这样的变化，有三方面的原因：一是在两次世界大战之后，美国逐渐汇集了全球的精英，有欧洲人、亚洲人，有犹太人、中国人。二是华尔街——很多理工科的同学可能对华尔街比较轻视，而且近期的国际金融危机也是祸起华尔街，但不可否认，华尔街在美国整个经济发展中起到了很大的作用，它加速、催化了整个产业的发展，使资源和财富的积累、分配和转移加快了很多倍。三是美国在一些新兴产业占据了先机。从石油、能源、汽车到集成电路、软件、网络、生命科学莫不如此，所以美国成为全球的技术中心、创新中心以及经济中心并不足为怪。

历史迈进到 21 世纪，中国和印度沉睡了几百年后终于开始觉醒，特别是中国正在快速崛起。中国这次崛起和 15 世纪以前有着很大的不同。第一点，我们是开放的，过去的中国是在思想禁锢的前提下发展，这次我们是在融入世界的背景下，是在开放的、合作的背景下发展。第二点，中国是和平崛起，是通过经济竞争，而不是通过战争来实现国家和民族的复兴。第三点，中国是以创新为中心，是依托于科技的崛起。所以中国很可能在 21 世纪、22 世纪成为世界经济和科技的中心之一。同时，美国和欧洲的影响也会继续存在。

过去有很多评论很极端，或者说中国不会崛起，或者说中国崛起之后，美国或者欧洲的影响力就会逐渐消失。这样的观点未必正确——在新一轮创新、新一轮经济振兴的过程中，各个国家理应走向多边、多元、合作的共同发展，任何竞争和合作在全球范围内都可能发生，最终的结果也将是走向多赢。

再回头看看中国创新的历史，其实也经历了三个阶段：第一个创新经历了 30 年，也就是 1949 年到 1978 年。这 30 年可以叫"中国自造"阶段，相对比较封闭。中国当时刚刚走向独立，更多的是以工业、农业自主建设为基础的"自造"，不依赖其他国家，什么都自己研发。第二个阶段始自 1978 年恢复高考，中国终于迎来了改革开放的新时代。改革开放是中国的创举，也是人类历史上的一个奇迹，创造了 GDP 的高速增长。2007 年，中国的 GDP 是 24 万多亿元，而在 1978 年仅仅有 3 500 亿元，增长了将近 70 倍。这不啻为一个奇迹。第三个阶段是从当前开始，创新将以自主创新为主。

当前，影响全球的"中国制造"不止是服装鞋袜打火机，还有许多高科技产品，如电子产品、通信产品、PC。现在单论制造业份额的话，中国已位居全球第二，并可能很快赶超美国，成为世界制造业王者。

但中国与一些发达国家的制造业不同，表现在"四高一低"——能耗高、人工高、污染高、占地高、利润低，整个产业并不是很健康。所以，中国要继续发展，就必须要以创新为本，这样才会有高的附加值。

从现在开始，中国应该走向"中国智造"，这个智造是智慧的"智"。中国发展"智造业"有几点有利因素：第一点，我们有大量的人才，中国目前是全球最大的人才基地。在 IT 方面，我们每年毕业的学生有 30 万，是印度的两倍、美国的五倍。另外，有很多聪明的学生毕业后也选择 IT 行业，而不仅仅选择 MBA，不仅仅选择法律和金融。

第二点，创新已经成为中国的一项国策。胡主席访问美国、访问微软时，讲得最多的两个词，一个是创新，另一个是软件。这代表了政府的态度，表明对于整个软件产业、对于 IT 产业、对于创新及其成果的保护，政府是十分重视的。

第三点，尽管目前全球经济受金融危机影响很大，但中国经济还保持着增长，这也给创新提供了很大的空间。其实说起创新，并不一定都指高科技。现在中国制造全球 60% 的轮胎和 70% 左右的鞋子。如果国内的企业家能够在管理、渠道、技术等层面下工夫，有效降低制轮胎、制鞋过程中的成本和库存，这也是创新。

第四点，专利的数量。中国专利增长速度在过去几年是全球最高的，数量已经超过德国成为世界第三位，仅次于美国和日本。而在 15 年前，中国基本上就没有专利。不仅如此，现在中国申请的专利中，既包括在国内的专利，也包括国际的专利。短短时间内就取得了这么快速的发展，这也是非常了不起的。

第五点，近年来，中国用于技术研发的投入在不断增加，现在整个研发投入差不多是 GDP 的 1.4%—1.5%。虽然相对来看，这个比例还是偏小（像美国就是 2.7%—2.8%），中国在研发投入数额上与发达国家还是有差距，但如果单论研发投入的增长速度，中国则是美国的三倍。

另外，在谈到研发投入时，也应该强调，这些投入不仅仅是政府的，也有企业的；在企业中，不仅有本土企业，也有跨国企业的投入。这又涉及一个观念改变的问题。比如微软是一个跨国企业，但在中国，微软投入了非常大的资源用于本地研发和人才培养。所以可以这样说：不管是国企还是外企，只要在中国注册，就都是中国的企业。微软在中国就是中国的微软，外国的企业或者是跨国的企业只要在中国落地，就应该成为中国创新体系的一部分。

以微软中国研发集团为例，它是微软在美国之外规模最大、发展速度最快、功能最全面的研发基地，现在有三千多人，包括基础研究、技术孵化、产品开发和产业合作等多元职能。具体到产业合作方面，有软件外包，有人才培训，有技术转让，有战略投资。所以说，微软在中国是一个中国企业，是要和中国的信息产业共赢。

我经常和员工说，微软在中国必须把微软的文化和中国的文化相融合，只有中国的信息产业成功，微软在中国才有可能成功。在这一点上，我们不仅是这么想、这么说的，也的确是这么做的。

第二节 创新的诠释

谈了这么多创新，那么究竟什么叫创新呢？

创新其实有很多不同的定义，每个企业或者每个政府的部门，可能都会有不同的定义。

约瑟夫·熊彼特（Joseph Schumpeter）在1932年提出创新理论，认为创新其实很简单，就是在整个经济系统中引进新的生产函数，使得生产成本的要素曲线得到改变。

著名学者弗里曼（C. Freeman）从经济学的角度定义创新，他说技术创新不是一维的，它是一个涵盖技术、工艺和商业化的全过程，它包括技术的创新，也包括市场的、管理的、文化的很多非技术的创新。

一个好的企业可以把各种不同的创新有机地结合起来，使得它在市场上处于一种不败的地位。其实创新是一个手段而不是目的，它能够强化产品的差异化，强化企业的差异化，最终帮助产业创造市场，帮助企业赢得用户。

当前，在纳斯达克上市的中国公司，也并不都是技术创新型企业，更多的是商业模式的创新，或者是管理和文化流程的创新。

如果看看亚马逊这样的公司，便会发现，它可能又有技术创新，又有新的经营模式，比如说广告业务的创新。再如微软、英特尔，创新既包括技术方面，也涉及产业生态链方面。像戴尔可能本身有很多的技术，但是它的直销模式是这个产业的 NO.1，有开拓意义。所以每个公司要根据自己的市场定位与产业结合进行创新，而不仅仅是盯住技术创新不放。

即使讲到技术创新，也不是说完全要进行原创，原创固然重要，但是另外三个因素我认为更重要，我把它叫做 3A，就是 Adoption（采纳）、Adaptation（适宜）、Application（应用）。首先要看是否该采用这样的技术，然后考虑目标市场、用户群是否适宜引用该技术，然后再决定怎样去应用这个技术，或者将技术产品化并推向市场后，怎样服务用户。对企业管理者来说，这些因素有时甚至比技术原创更重要。

中国的彩电产业是典型的例子。在 2000 年以前，国内市场上基本都是日本、韩国的彩电，中国的彩电产业集体亏损。但 21 世纪初，国产电视行业也曾一度打败过国外对手（当然现在又有些落后）。那么我们获胜的原因是什么？我曾听海信的总裁介绍过，他们针对国内（特别是欠发达地区）的电源一般不太稳定、射频信号也不太强的问题，在产品中优化了稳压电源和信号接收器的功能，使产品销量大增。这其实并没有多少技术成分，但因为国内彩电厂商更了解本地用户的实际需求，所以以务实的创新实现了市场的拓展。

另外一个是 DVD 或者 VCD，中国制造的 DVD 占领了全世界约 70% 到 80% 的市场。而且我注意到，在国内很少有人去买索尼或者飞利浦的机器。

这可能是因为大家都知道，国产DVD的"纠错能力"最强。当然，盗版不应该鼓励，但从另一个角度看，这些产品也都根据市场的独特性和用户的需要实施了创新。

还有联想的例子。我曾经和柳传志先生谈起过，他说联想电脑起初在国内市场的份额只有9%左右。但通过对用户需求的缜密分析，联想认为互联网会很快成为很重要的应用，所以，他们开发了一键上网的功能，一下子将市场份额提升到18%。这说明，技术原创固然重要，但有的时候，面向用户、面向市场的创新可能更加重要。

第三节　创新的趋势

21世纪的创新与以往相比发生了重大的变化，展现出一些新的特征。

第一点是创新的快速性——创新的周期大大缩短。四大发明的孵化和作用延续了上千年，蒸汽机则差不多是百年的周期。到了电报、电话还有无线电就只有几十年的周期。而今，通信、PC、互联网，几年甚至几个月就会出现变化，可以说是日新月异，所以说整个创新的周期缩短了。

第二点是创新的突变性。从电子管、晶体管到集成电路，从大型机到PC到3C的融合，当代这些技术的突变不断出现。对企业来说，渐变的技术创新趋势比较容易应对，但对于突变性的创新就要面临很大的挑战。所以个人、企业和国家都应考虑如何应对突变所带来的挑战。

第三点是创新的全球化。现在，合作与竞争都在全球的范围下展开，人才和技术也呈现出全球流动转移的趋势，从这个角度说世界确实越来越平。但另一方面，随着技术和人才的全球化，产品却越来越多样化，市场越来越区域化，服务越来越个性化。

针对创新的全球化,《世界是平的》这本书中的一些看法是正确的,但同时,书中80%的观点只能算作一家之言。因为这些观点会带来很多认知的误区。比如说,现在国内很多公司都在思考全球化的问题。但如果认为世界是平的,把国内的技术、管理、文化、市场线性平移到国外的话,那一定会碰壁。

有几个正面的例子——比如华为采取了一种相对渐进性的模式,先在第三世界部署资源,以"农村包围城市"的步骤进行全球化探索。联想则是以并购的方式,并欣然接受了一种多元性文化。而 TCL 虽然也是购买国外公司,但管理模式基本上还是中国化的。

三种模式到底哪一种正确?时间会告诉我们的,但有一点必须强调,那就是中国企业走向国际一定要有全球化的思维方式,并且,要坚信世界绝对不是平的,在不同的国家,一定要融入的当地文化,采取不同的管理和文化机制。

来到中国的跨国公司也是有的成功,有的碰壁。比如在互联网领域,基本上所有的国外大公司都遇到很大的阻碍,包括雅虎、eBay、Google、微软在这个领域也有很多的教训。为什么会这样?是技术的问题,人才的问题,还是战略的问题?对这些问题,也许有很多解释,但是有一点很重要,就是绝不能把美国的互联网业务模式平移到中国,否则肯定会碰壁。

第四点是创新本身是无止境的。经常能看到一些观点,是说当前技术创新已经没有太多的空间了,需要把更多的精力放在管理和运营、放在销售和市场——这些诚然都很重要,但技术创新的空间仍然很大,特别在互联网、在软件、在移动通信等领域,创新可能才刚刚开始。

大约在 20 世纪初,美国物理学会主席说,整个物理学的大厦已经建立,以后的 200 年里,物理学家能做的就是在这个大厦上面添砖补瓦,不会再有什么新的重大发现。但真实的情况如何?相对论、量子力学等新的理论相继诞生,使 20 世纪成为物理学最辉煌的年代。

另外一个例子是美国专利局的局长,在 20 世纪 50 年代计算机发明之后，他要求辞职，理由是该发明的科技已经都发明了，美国专利局不再有存在的理由。但我们知道，过去的50年来，人类的发明超过了人类整个文明史的积累。

这些都表明，创新本身是没有止境的。

顺便谈谈我对今后几年IT领域创新趋势的看法——以下这些趋势或许有可能成为企业追捧、大众关注的热点。

一是云计算渐趋主流化。经过多年的积淀和持续的探索，如今，云计算终于开始成为一种全球IT产业共同应和的、主流的声音——把所有的计算应用和信息资源都用互联网连接起来，供个人和企业用户随时访问、分享、管理和使用，相关的应用和资源可以通过全球任何一个服务器和数据中心来获取。在这样一种应用愿景的激励下，包括Amazon、IBM、HP、Google在内的IT业领导企业先后开发了不同版本的云计算解决方案，而微软也在2008年正式发布了完整的云计算平台Windows Azure（蓝天），并投入巨资在全球范围建造数据中心——微软希望"云平台"最终同PC平台一样，能够让成千上万的第三方开发人员开发出丰富的应用与新颖的服务——而这样的平台势必会造就一个全新的"云产业"。

二是智能终端产品继续保持多元化的发展态势。除笔记本电脑、智能手机、移动娱乐终端以外，"上网本"和家用网络影音设备近来的热销足以说明，在数据和应用渐趋集中化的大背景下，大多数用户仍然渴望获得多元的、随享的（可随时随地获取的）、个性化的体验。2009年是中国3G通信网络建设的起点，目前部分城市的用户已可以申请3G服务。以移动多媒体和宽带为主要特征的3G通信网络的建设和完善势必会激发新的用户需求，孵化出新的生态体系与产业巨人，并让无线宽带环境下的办公和娱乐变得易如反掌。

三是三屏（电视屏、PC屏、手机屏）走向融合。在CES 2009大会上，微软首席执行官史蒂夫·鲍尔默指出，微软不仅要"提高计算机的普及率"，使全球的每一个人"都能买到价格适中的计算机"，还将以持续的技术创新加速"三屏融合"的趋势,使其逐渐发展为"单一的无缝生态系统"。归根结底,打通各种屏幕、平台与网络(互联网、移动通信网、广播电视网)间的壁垒,让数据和各种计算资源无处不在、触手可及,这将是全球 IT 产业参与者共同肩负的任务。

四是自然用户界面(Natural User Interface,NUI)——特别是触控技术将使人机交互变得更加自然直观,更为人性化。比如 Surface、iPhone 和一些采用 Windows Mobile 系统的手机已经让用户体验到触控的便利,而在 Windows 7 中,触控技术将首次进入 PC 操作系统。它将为用户在键盘、鼠标以外提供更新颖的控制方式,只需手指轻轻滑动,就能让 PC 欣然听命——虽然这意味着用户必须升级自己的显示器,但新版操作系统对硬件性能的要求并不算高,用户不至于为体验新科技付出过高的成本。"设备台"和"移动宽带"则是 Windows 7 的另外两个值得用户尝试的亮点功能——前者旨在为手机、DV、便携游戏机等形形色色的数字装备提供清晰、简洁、智能化的管理界面和操作方式,让硬件设备制造商定制个性化、差异化的服务,让用户直观地看到"装备"的性能数据,并随时更新产品说明书、软件和增值内容。后者更是大大简化了网络配置的步骤,提升了 PC 接入网络及与其他设备互联、互用资源的功能。

五是显示技术的持续演进。当前,大屏幕、全高清的 LCD 或 PDP 电视机已走进许多家庭,而新一代显示技术也正在趋于成熟。CES 2009 大会上,一款厚度仅为 1/3 英寸的超薄高清显示器给我留下了深刻的印象。这表明液晶和等离子显示技术还有很大的潜力可挖——同时亮相的还有基于 OLED 技术的显示产品。我想,这些产品和技术都会为消费者创造全新的视听体验,从而引领下一代的消费娱乐潮流,创造出巨大的商业契机。

六是绿色 IT 科技已成为众多企业共同关注的焦点。时下 IT 软硬件开发商和服务提供商都在探索更环保的解决方案——不止是让用户能够以能效比最高的方式获取各种计算和通信体验,还包括在企业自身管理和运营的过程中贯彻环保意识。以微软部署的"蓝天"(Azure)云计算平台为例,

"蓝天"的底层是微软全球基础服务系统——Global Foundation Services（GFS），由遍布全球的第四代数据中心构成。几年前，微软便开始筹建数据中心，目前正在运行的数据中心已"升级"到能效比表现更优异的第四代——旨在支持所在区域的环境保护事业，为绿色 IT 做贡献——所有的微软数据中心都采用了清洁能源，并兼顾了系统的性能、工作效率和可靠性。

第四节　创新的根基

对矢志创新的企业来说，人才战略（也就是 IQ 部分）也事关事业成败和战略全局。

微软对人才的定义很明确，那就是要有诚信的人品、开阔的视野、"沟通＋团队合作"的能力、对理想的执著追求、跨文化工作的能力。

由于微软十分信任自己的员工，员工可以自主做很多决定，所以诚信的人品很重要。其次，视野要开阔，要有很强的团队合作能力。现在软件开发是一个大规模的工程，需要很多团队一起工作。比如说当时开发 Windows Mobile，有 1 000 名工程师同时在做一个版本，而且这个队伍跨越不同的国家和区域，所以说合作能力很重要。还有对理想的执著追求，以及跨文化工作的能力。

除了微软的人才标准外，有许多企业家和专家对人才也做出了各自的论断。

您可能读过管理大师吉姆·柯林斯（Jim Colins）的 *Good to Great*（《从优秀到卓越》），这本书讲了优秀人才的五个不同的层次，写得相当好。

另外一位是杰克·韦尔奇，他写了一本书叫《赢之道》，里面讲到关于人才的"4E＋P"理论——第一点，你自己要有能量（Energy）。第二点，你不仅仅自己要有能量，还要有可以激发（Energize）别人的能量，可以鼓舞你的团队。第三点，你要发现自己的优势（Edge），这个 Edge 可能有不同的意思——而我的理解是，Edge 指的是你自己和别人不同的部分，就是你的团队、你的企业为什么需要你，你和别人比有什么样的优势？第四点，要有执行力（Execute）。启动一个项目很简单，结束项目则很难；说 Yes 很简单，说 No 则很难，所以，不仅仅需要能付诸行动，还要能完成任务。最后这个 P 是 Passion（激情），是更高的追求，上面四个素质固然重要，但 P 是决定性因素。你必须要对你所做的工作有激情，你要喜欢它；你要是不喜欢它的话，那上面的四个 E 可能都是假的。

生理学家早已发现，在人做自己喜欢的事情时，大脑会分泌一种化学酶，这种酶本身是会让你变得越来越兴奋，可以解除你的疲劳。我儿子是典型的例子。他特别喜欢打游戏，一玩起来就废寝忘食，24 小时可以什么都不做。所以我常说，人累的时候是没事儿干的时候，是没有目标的时候。人忙的时候其实不会累的。

关于人才特质，我还有一些自己的真实看法。过去的一些年，我很有幸做过不同的事情，做过管理、做过研究，接触了许多不同的人，有国家元首，有 500 强的 CEO。我一直想在他们身上找出一些共性，但其实他们的行为方式、性格有着很大的不同，有些人特别外向，有些人特别内敛；有些人热情洋溢，有些人比较害羞；有些人口若悬河，有些人则结结巴巴；有些人懂很多种语言，有些人连英语都不会讲，在谈判的时候还用方言，他们的领导方式和风格也不太一样，但是我感觉他们有几个共性。

第一点，具有很强的好奇心，这些人总是问东问西的，仿佛对什么东西都感兴趣，而且所关心的东西往往跨越了自己的行业，这个相当重要。

第二点，可能也是最重要的，是一种简化和抽象问题的能力。在微软，比尔·盖茨是我的导师，很多人问我说，你每次跟他开会，都学到什么了？他帮你解决了哪些问题？其实，他好像也没帮我解决很多具体的问题。但是有一点使我受益匪浅，就是我每一次跟他谈话之后，总会感觉到脑袋清晰了很多，线索也更加清楚了。

第三点，具有判断问题的能力。以后当您成为某个企业的 CEO、CTO 或者 COO，您所缺乏的往往不是聪明的人才，不是灵感和智慧。其实你做得越高，你周围的聪明人越多，不同的主意越多。作为一个决策者，最重要的是选哪些人，选哪些主意，所以说判断力非常重要。在没有完整数据的情况下，在没有时间的情况下，要根据直感做出判断、做出决定，而且这个决定应当在大部分情况下是对的，这就需要我们有不凡的判断力。

第四点，有一种信心、自信。有一些 CEO，特别是日本的一些 CEO，可能讲话很少，声音也不是很大，你甚至感觉他们不像是领军人物。但是你如果注意这些人的眼睛，你可以看到一种自信。

百度和李彦宏大家都比较熟悉。有一次我问李彦宏，为什么当时他会做搜索引擎和广告——20 世纪末的时候，互联网广告在中国的市场很小，而且那时的互联网盈利模式不是广告，也不赚钱。李彦宏说，当时他也搞不清楚会不会赚钱，但是他相信，有一天中国一定会有一个很大的广告市场，只是不知道是五年，还是十年。既然没有别人做，如果他一直做下去，一定有一天会做成的。所以有的时候我们需要理想，需要用信心去维持一个和别人不同的想法，才能把事情做成。

还有一点是心态。作为一个领导人，在不同的阶段，或是创业的过程中总是有起有落。有的时候很孤独，有的时候不仅仅是高处不胜寒，低处也不胜寒。在创业的时候、在没钱的时候，在低处都孤独。这个时候一定要有很好的心态，要不断地调整自己，内心要有一种平衡，知道自己在做什么，自己需要什么，最终是要开心一些，然后要不断地体验它，不断地尝试一些事情。

在上述要素之外，我们在做企业的过程中，还要警惕三种人。

第一种人是负面人。他对任何事都持负面看法。在学校里、在公司里，往往有那么一些人处在一个小团体的中心，他讲话的永恒的主题就是在抱怨公司、抱怨老板，对任何东西都不会满意，这就是负面的。正面的能量是有传染性的,负面能量的传染性可能更大,所以,需要把这样的人尽快清除出团队。

第二种人是双面人,分为两种。一种是老好人,他让老板高兴、让同事高兴、让他的部下高兴,所以每件事儿他都有很多不同的版本,他没有什么坏的动机或者目的,完全是为了大家高兴。对于这样的老好人要以教育为主,希望他们更多地用一个版本。另一种双面人是有目的的,是两面三刀的,这种人应尽快被清除出公司。

第三种人是玩世不恭的人,对什么都不在意,不管好事儿或者坏事儿,都没有办法让他兴奋起来。比如你演示一项很好的技术,或是展现很好的业绩,又或是告诉他公司马上要破产,对他来讲都好像全无关系。这样的人也应该赶快清除出去,不管他多聪明,口才多好,沟通能力多强。

在微软工作的同事都知道,我其实包容性很强,如果哪个人的个性和大家不一样,不合群,社交能力差一些,或沟通能力差一些,我觉得只要别的方面好,就都可以均衡。但是对这三种人,我没有办法容忍。

第五节　创新的管理

关于创新流程中的管理,我应用工程学的思想,做了简单的总结(因为我是学技术的),概括出五个管理方程式。

第一个是 IT = IQ + IP,这是创意产业最重要的公式。

第二个是 $E = MC^2$。也就是说,我们要找到最聪明的人才,他们就像是核原料,是放射性元素铀、镭。但要使他们发挥作用还需要更重要的条件,要设计一个连锁反应,设计一个反应堆,才能使放射性元素发生裂变、聚变,然后把它的能量释放出来。对于企业,就是要建设一种文化、设计一种机制、建设一种氛围。

第三个是量子力学的测不准原理，$\Delta V \cdot \Delta P \geq a$。我把它映射到管理里面，就是说企业发展有几种不同模式，如果你要发展速度和创新速度，那么你的风险就比较高；如果你需要有很强的可预测性，那你定位就要相对比较准确，总之不可能发展又快又没任何风险。在微软，我们更多鼓励的是一种创新文化，是激励创新，包容失败。

第四个是热力学第二定律。是说一个封闭的系统，如果让时间趋于无穷大，它的熵就趋于无穷大，一个封闭的系统就最终会死掉。那么对于企业，对于个人，就是要保持一个开放的环境，要有信息的、能量的、物质的不断交流。

最后一个是关于合作的公式，$1+1>3$，这是说无论学术界，还是产业、公司都要注重合作，而且如果方向正确、定位准确，合作会产生非线性的放大结果。

我还想谈谈在经济情况低迷时的管理之道——毋庸讳言，与顺境相比，逆境更考验决策者的领导力。企业领袖需要对宏观经济环境和企业业务前景做出更准确的判断，制订战略规划；还要保持对未来的信心，并将这种信心有效地传达给企业员工、投资人、合作伙伴乃至最终用户。

肩负起重振经济、共克时艰的使命，以非凡的韧性和乐观、清醒冷静的头脑以及务实的态度，引领企业向前发展。我认为，这也是逆境中领导力的三个关键因素。

第一，卓越领袖要有使命感，有更长远的眼光和责任，对未来进行投资。只有着眼长远的根本性变革，才能引领我们真正走出危机。

历史的经验表明，大的困境总是伴生着一轮新的繁荣，对于那些有资金、有想法的企业，经济衰退可以为它们提供巨大的战略机会。我们要在危机时刻做好准备，以抓住难得的机会，在充满不确定性的时期率先崛起。我想，这也正是微软即使在这样的困难时期，每年仍投入超过90亿美元专注研发的原因。

熊彼特曾经强调过经济衰退的正面影响：业绩不佳的企业会被淘汰；资金从衰败的行业撤出，转而投向新兴行业；高素质的熟练工人也会向更有实力的雇主流动。我相信，未来将有更多的人才会从追求高风险、高回报的金融工程转向生物基因工程、软件和清洁能源领域，实现人才结构的转型。因此，未来几年很可能成为创新成果丰硕的时期。

第二，乐观和坚韧是领导者扭转败局、走向成功的关键。"韧"代表了坚韧不拔的精神和良好的心态，要有持久坚持的毅力；主要包括两个方面，一个是耐心，一个是信心。

美国学者 Paul G. Stoltz 曾经提出"逆商"（Adversity Quotients，AQ）这个概念，是指人们面对逆境时的应对方式，是衡量一个人在挫折面前解决麻烦、克服困难的能力的一个标准。逆商高的人往往拥有远比一般人强的韧力和乐观精神。

企业在发展过程中，总会遭遇到外部经济环境的变化和企业自身战略的调整。作为企业领袖，对产业的发展要有长远的眼光，要根据变化做出应对。辉煌时不浮躁，遭遇逆境时保持信心。

企业的成功从不是一蹴而就的，人才的积累、企业管理的完善、企业文化的塑造、市场环境的改善、品牌的声望都需要在时间中积淀。没有经过冬天考验的企业不会是一个成熟的企业。正如一个人只有经历过寒暑的考验，才有生命力，才能够适应春夏秋冬四季更替，才能健康地生存。

第三，伟大的领导者还要抱有务实的态度和求实的精神。这是不容易的。乐观易使人盲目，而困境又使人容易沮丧，能够将乐观、坚韧和务实的态度结合起来是逆境中领导力能够发挥作用的关键所在。

我们敬仰的邓小平正是兼具这些特质的杰出领袖的典范。他一生中曾三落三起，却始终保持坚韧和乐观，成为人们眼中"永远打不倒的人"。作为"中国改革开放的总设计师"，他提出的"让一部分人先富起来"、"一国两制"、"韬光养晦"等一系列切实的原则，让中国在经济、政治和外交上赢得了发展的机遇和空间。

中国互联网产业的发展本身也是一个很好的例子。我们看一下过去十年间互联网的变化及其在两次经济危机中的表现，便可获得很多启示。2000年的危机源自互联网泡沫破灭，引发纳斯达克崩盘。互联网是"罪魁祸首"，是问题的根源。但是上次危机带来的影响更集中在高科技领域。这次情况却不同，金融危机影响了整体经济运行、波及诸多行业，而互联网有幸成为这个寒冬中的一个亮点，不仅是最抗跌的，而且网游还逆势上涨。这折射出经受过十年前大震荡而获得重生的互联网强大的生命力。看看中国的互联网在这十年中的变化也很有意思。在2000年的时候，只有三个比较大的网站，当互联网泡沫破灭，纳斯达克从5 000多点应声而下时，百元中国概念股跌到了一美元，网易一度几乎要被摘牌，另外一些企业还没有崭露头角，百度的李彦宏还在写程序，阿里巴巴的马云可能正在寻找商业模式，马化腾还在汉化ICQ，而当年更是没有网游。但是这些企业从逆境中挺了过来，通过创新模式获得了成长，成为了行业的领导者，同时还催生了新的业务形态，成为主流。

微软的创新

所有的公司都需要创新，也都需要不断调整企业战略，在此我想介绍一下微软的例子。

自20世纪70年代中期至今，30多年来，几乎每过5年，微软就会对战略做一次很大的调整。

微软刚成立时，第一个产品不是Windows，也不是Office，而是一个Basic编译器，是比尔·盖茨亲自写的。5年后，微软的主要产品发展到MS-Dos，接着又开发出Excel、Word。到了90年代，我们认为图形用户界面会成为重要的、突变性的技术，于是推出了Windows 3.x和Windows 95，把图形界面的操作系统变成了市场主流。其实这个技术是施乐公司原创的，像微软、Apple都只是应用这个技术，并使它跻身主流。

到1995年，微软认识到互联网开始兴起，就把最优秀的团队集合起来去做MSN，然后又做IE浏览器；2000年时，我们觉得互联网进入一个新的阶段，于是又提出Net战略，并决定进军移动领域。

十年后，我们认为在互联网领域，一些新的模式正在走向兴盛，特别是互联网新媒体广告，所以Live战略应运而生。但微软在互联网方面的战略部署，有些比较成功，有些也有很大失误——最近我们又推出了新的搜索引擎Bing（必应）——所以即便是微软，也是在不断地学习、不断地探索中。

对于微软的战略创新，让我感受最深刻的是移动案例。2003年底，比尔·盖茨和鲍尔默认为移动应该成为微软业务体系的重要组成部分，于是让我主管这个业务。

我接手这个业务后的第一件事就是制定战略。我认为制定战略是创新过程中的首要工作。

创新需要很多不同的步骤。战略的制定是起步——也是核心的步骤，然后是技术的孵化，是技术向产品转移，以及产品的研发和市场的推广。

制定战略的时候必须参照很多的因素，你需要了解技术发展趋势、产业发展方向、市场机会、竞争者蓝图，以及自身的优势和劣势。

因为各位同学不是做技术的，所以我跳过技术，从硬件、通信、软件各方面发展的趋势入手来谈。

先说产业趋势。2003年我刚回到微软总部的时候，移动产业正在发生很大的变化、一个突变式的变化。

其一是从语音通信（Voice）走向语音+数据通信（Voice + Data）。

其二是从SIM走向PIM，手机里面都有一个SIM卡，它可以储存电话号码和简单的认证信息。2003年的时候，我们认为移动电话应该不仅可以打电话、发短信、存电话号码，还可以上网、听音乐、看电视、接收E-mail、购物以及用作身份识别器，总之，手机应变成一个功能更完备的应用平台。

其三是整个通信的架构是从2G、2.5G走向3G或者4G。现在看起来这种趋势已经非常明显，但在2003年底、2004年初，业界对此争论很大。特别是在微软内部，因为微软毕竟是一家PC和互联网公司，通信在业务体系中处于相对次要的位势。公司的主流意见认为，3G不可能很快实现，认为未来主流应该是Wifi、WiMax这些技术。所以我们当时做了很多的分析，认为还是3G或者4G代表了产业的发展趋势，尽管它的技术可能不是最优化的、最好的。

其四是从Circuit-Switched走向IP，这也很重要。不管是语音通信，还是电视都会走向IP化。IT在过去30年里最重要的两个突破，一个是数字化，另外一个就是IP化。由于IP化，我们才有一个统一的连通格式，所以可以说，是数字＋IP真正地改变了这个世界。

另外，从PC走向PC3、PC走向PC＋也是重要的趋势，PC不仅仅是一个计算的设备，也是一个通信的、控制的平台，一个娱乐中心；同时，PC也走入电话、汽车、电器，可以说有电器的地方都有计算，有计算的地方都有智能，有智能的地方都可以上网。

所以，我们认为一个新的产业正在兴起，它结合了三个相对比较传统的产业——无线通信、互联网和PC，结合了PC的运算功能、无线通信的移动功能，以及互联网的连通功能。这个新的产业正在兴起，提供了很大的创新空间和无限的商机。

2004年初，我们还对市场做了分析，当时认为2007年智能手机市场会超过1亿台。现在看来，我们当时还是保守了，事实上2007年智能手机的销量大概已到了1.5亿台，占整个手机市场的15%左右。如果沿着这个曲线再往前走，到2010年，智能手机会占整个市场的20%左右。显然这是一个巨大的市场，而且利润空间更大，因为利润不仅来自手机本身，还包括手机里的数据、应用、服务。而目前传统手机的利润空间已经很小了。

经过了上面的分析，我们认为这个产业需要一个很强大、很开放的平台，这个平台上面需要有一套开发工具，因为有了工具以后才可以有新的应用和新的服务——有些相对封闭的平台，比如传统手机，就很难在上面开发新的应用，所以说产业的发展为我们提供了机遇，而且微软已经有Windows CE 和 Windows Mobile，这些平台是32位的，支持多任务，而且相当漂亮，我们认为这是我们的一个优势。

另外，我们认为手机和PC、互联网、服务器兼容和集成十分重要。当用户有一个音乐文件、视频文件，或是有E-mail需要处理时，就可以从手机上获取和PC完全同步的体验，这一点对产业的发展相当重要，而微软既做互联网，也做PC的平台，这又构成了我们的一个优势。

第三涉及合作的模式，我们认为智能移动产业本身有很多不同的领域，有做芯片的、有做手机的、有做软件的、有做平台的、有做应用的。微软的优势集中在软件、操作系统和应用平台上，我们和众多的厂商，如摩托罗拉、三星、联想等进行合作，而不去做手机；和中国移动、联通等这些公司合作，而不提供运营商服务，所以必须采用合作的模式。这些说起来可能很简单，但这是一个战略性的决策。

几年过去了，现在的情况证明了我们当时的战略是正确的。2003年底，我们当时只有一款手机，只有一个合作伙伴，只在少数的市场推出，占的市场份额基本上可以忽略不计，但目前，我们已经成为智能手机领域第二大厂商，占全球25%左右的份额。在全球100多个国家都有服务，除了诺基亚之外，和所有的手机制造商都有合作。我相信总有一天诺基亚也会使用我们的平台。

在PDA领域，我们已经成为NO.1。Plam其实是PDA的发明者，也是这一领域我们当时最大的竞争对手，但现在Plam已经变成我们最亲密的合作伙伴，已经使用了Windows Mobile平台，所以我们相信诺基亚也会做同样的事情。

以上我说的是战略制定的过程，当然我把它简化了，真正制定战略的时候还是有很多比较曲折的过程。

师 生 互 动

- 问：我的第一个问题是关于职业规划的——您是否把自己定义为职业经理人？作为一个全球最有影响力的IT企业的高管，您所拥有的背景和能力都是我们在座的大家都非常羡慕的，但是如何更好地发挥你的这些背景和能力呢？您有没有想过自己创业呢？在这方面您对我们有什么建议？

- 答：你的问题问得很好，其实我自己很少花时间做自己职业的规划。尽管我经常在学校里面讲职业规划，给员工讲怎么样规划职业，但很惭愧——我自己其实做得比较少。

  关于第二个问题，我想我自己不管在什么时候，总是想做我自己喜欢的事情，有没有创业，有没有我自己开的公司，对我来讲并不是很重要。对此我给你讲一个小的插曲。

  1998年底的时候，我在美国做视频方面的研究。有一天接了一个电话，说在中国微软成立一个研究院，需要一批人去做基础研究。我当时觉得比较奇怪，因为1998年、1999年虽然有人开始回国了，但是大部分是做互联网的，是去做网站，搞B2B或者B2C。好像很少听过在国内做基础研究，在国内做科研当时基本上听不到的。然后打电话的这位朋友告诉我说，正由于这样，这才是创业，我们要在中国建立一个世界级的研究院。当时我就回来了，给我打电话的这位朋友就是李开复。所以我想重要的一点是自己做比较喜欢的事情，不管你自己开公司也好，给别的企业做也好，在学校做教授也好。也许哪一天我会自己去创一个公司，但这肯定是出于兴趣，而绝对不是为了创业。

- 问：我想问一下PDA未来的发展方向，现在我们读MBA的基本上人手一部手提电脑，以后，商务人士会不会用PDA取代现在的手提电脑、台式机？我还有一个问题，像我们这样的MBA能不能进到你们公司去？你们需要什么样的人，我们需要怎么样培养自己？

- **答**：我先回答第二个问题。微软是一个以创新、技术为主导的公司。但是我们公司也需要赚钱，我们除了有三万名研发人员之外，还有四万名销售人员。所以说 MBA 在微软大有用武之地。我们欢迎优秀人才加入微软，我们每年在中国也好、在别的国家也好，都需要大量的管理、销售、市场人员。

  另外一个问题是关于 PDA 的未来。这个问题问得相当好，其实我刚才稍微提了一下——就是在技术方面，我们在走向一种融合，数字化也好，统一的平台也好，统一的开发工具、应用服务也好。而产品，现在是越来越多样化了，有的人喜欢用小巧的手机，差不多 1.8—2.5 寸的手机，有些人喜欢用 PDA，可能是 2.5—3 寸的，有些人可能喜欢用 4 寸、5 寸的这种大一点儿的，我们叫 UMPC，另外可能也有大的 PC。以后随着技术的发展，显示器可能不仅仅是现在的 LCD，也可能是可折叠的。计算、存储、通信、显示这些东西可能和我们现在想象的完全不一样。

  比如我们刚才提到的 PC 走向 PC3，使得通信、信息功能走向融合，电话的显示屏幕可以用电视，信息可以存储到互联网上。所以我觉得你刚才讲的趋势都是完全可能的。但是我自己认为，各种产品都会存在。比如说我现在用的手机功能很强大，可以代替笔记本电脑去完成我 70% 的工作。现在也有手机带投影功能，比如说在飞机上，你用手机把影像投影到飞机的背面，便可以看到更大的视频，或者信息内容。另外，可折叠性显示屏可以使你更自由地拓展现在的应用。所以，我想数字化的好处、软件的好处、嵌入式的好处就是 IT 的好处，就是不管在什么地方，不管用什么样的方式，你都可以得到需要的信息。

- **问**：我要问的是两个小问题，一是像您这样的成功人士一般是怎样分配时间的。第二个问题关于产品创新，每个人都在谈创新，微软的创新跟别人的创新有什么不一样，比如跟 IBM 有什么不一样？

- **答**：第一个问题。我自己的时间一般这样分配。1/3 是内部的会议，可以说是管理工作，包括和总部的沟通、与员工的会议、与管理团队的会议，这部分时间是对内的；1/3 用于自己从事的一些研究和开发，基本上这部分时间是花在技术方面；另外 1/3 是对外的，比如说媒体、政府、学校、产业，另有一部分时间是花在路上、在飞机上面。

  我在北京基本上有这么一个原则，就是一个星期有四天晚上一定要在家里吃饭，工作尽管比较紧张，但是我大部分时间还是按照这么一个节奏去控制。

  第二个问题是关于技术创新的问题。目前，微软的创新偏于核心原始技术研发。比如说微软每年获得 3 000 多个专利，现在已经是所有高科技公司里、IT 公司里最多的。已经超过 IBM、超过 HP，超过所有的 IT 公司。这个和十年前、五年前微软的做法也是完全不一样的，那个时候我们更多的是市场的创新，经营商业模式的创新，现在是技术创新比较多。

  当然，如果说在互联网方面有一些失误的话，那就是我们没有把原创的技术很快地应用到市场，没有把一个新的业务模式——比如说广告模式作为战略的主轴。

  现在，我们已经在互联网方面大力调整了我们的战略，在搜索、在广告平台上面做了很多的投入，希望和 Google、百度的距离越来越小。

- **问**：从一名优秀的技术人员转变为一个成功的管理者，您认为最关键的是什么？

- **答**：我觉得，我自己好像每一步都很自然，很自然地毕业拿到博士，很自然地自己做研究，招几个学生和我一起做。做了以后，发现做得不错，就招一点儿研究人员继续做，然后越来越大。做好了研究之后就说要做产品，做了产品后面说要做市场相关的一些业务。所以回想一下，好像自然而然地就都做到了，一会儿是完全的研究、一会儿是完全的产品，一会儿是在美国做、一会儿是在国内做，从这个最初的环节，从基础研究到最终的市场都覆盖了，好像过渡得很自然。

我想这个过程的关键就是不断学习。比如说我拿到博士之后，又在哈佛读了 EMBA，然后自己也在不断地充电。另外一点就是做自己很喜欢的事情，管理也好，创业也好，或者是做销售、业务、技术，要根据自己的爱好或者性格来决定。比如说我不喜欢做销售，纯做销售我就不会接受。再比如，如果我希望做技术孵化，会有一段时间我说我也不要管人，我就会想花两个月的时间集中把一件东西做出来。有的时候还会根据自己的爱好、根据自己的能力、背景去选择一些方式。但是我并没有很特意地设计自己的职业规划，也没有花太多时间去想到底怎么样把自己培养成一个管理者。

我觉得管理者不是唯一的选择。每个人有不同的生活方式，但是选择的东西应该是你自己所喜欢的。

- 问：您觉得微软在经营或者研发方面能给本土公司什么启示？就是说您觉得怎样做才能成为中国最好的企业？

- 答：第一点，我觉得还是要有一种信念，有长远的眼光。从微软开始的时候，比尔·盖茨就有一个很清晰的一个战略，我觉得这个很重要。你在创业的时候、开公司的时候，要知道自己干什么，这要很清楚。

  第二点，就是吸引一批志同道合的人，特别是创业的人，或者是新的部门从开始做的人。当然我相信群众创造历史，但是精英是历史的主宰者，所以说很重要的是找到志同道合的创业者，有了最终的机构、公司，有了最优秀的几个人，他们可以定义这个机构的文化。优秀的人会吸引更多优秀的人，聪明人喜欢和聪明人在一起工作，所以这个很重要，这是一个优秀的企业的文化。

第三点，可能还是开放的心态，小公司当然可能不太一样，你需要生存。但是公司到一定阶段的时候，就必须要有一种开放的视野、开阔的平台。

还有一个就是刚才可能也提到了，不要太急功近利，我现在觉得不管是在学校里，我们的学生、MBA，还是整个社会，都存在一种特别地匆忙的，特别地急功近利、很短视的心态。急功近利的心态造成我们社会出现很多的问题，比如我们已经看到的股市泡沫、房地产泡沫、猪肉泡沫，整个的社会泡沫的成分太大。中国目前文化里面有进攻性的成分，竞争的成分可能太多了一点。所以我觉得中国文化最精髓的是孔孟之道，是老庄的哲学，但是现在我们往往忘掉最珍贵的财富。很有意思的是，哈佛的 EMBA 现在在学习中国最古老的中庸之道，中国却丢掉了这些东西。

第二讲
阿里巴巴的生存之道

马云
阿里巴巴集团主席及首席执行官

  八年前，我们开掉一个经理，结果很多人闹事，说："他走了，我们也要走"，公司管理经历了地震。这是很多公司都碰到的问题。但是在制度建设的过程中，我注意到一个很有意思的现象，我发现我们党的政策在这一块做得相当好，比如说，换一个省长说换就换，换一个市长说换就换，这是为什么？这是制度和体系的作用，而接班人制度对组织发展极其重要。

我从1995年开始创业，阿里巴巴从1999年开始创建，发展到现在这个规模，其中很多经历听起来颇有传奇意味。谈到阿里巴巴，可能人们大都会认为运作得很成功，但我从来不敢有成功的想法。媒体对阿里巴巴的报道，大部分是比较好的东西，把我们中间犯的无数愚蠢的错误大多忽略了。因此，我想等我退休以后要写一本书，名字就叫"阿里巴巴的一千零一个错误"。

事实上，2000年、2001年阿里巴巴的状态是极其糟糕的。为什么？因为当时人们看不起互联网，认为电子商务不可靠，阿里巴巴的名字听起来也古里古怪的。那个时候，我们招人真难，我们开玩笑说，只要没有太大问题的人我们公司都要。我至今还记得，山东办事处的人当时听说阿里巴巴不错，就去应聘。当时办事处在住宅楼里办公，那位同事晚上七点钟去面试，越走越怕，走到了六楼时，忍不住给他老婆打电话说，一会儿我进去，要是出不来你就报警。想想这种状态，就知道我们当时招一个人有多难了。

但是，阿里巴巴生存下来了，我后面会讲生存和发展的原因。在此，我只能说，绝大部分人通过媒体了解到的阿里巴巴都不是很真实。第一，我们没有别人说的那么好，我们毕竟才发展了九年，而且九年之中犯过很多错误。高速成长的互联网对于任何国家、任何人都是新的行业。另外，我们员工的平均年龄是26岁，也都是犯错误的年龄，所以在发展中我们遭遇了很多麻烦。当然，我们也没有一些人说的那么坏，中国人经常讲阴谋论，看到什么事经常从阴暗面去思考。其实，我们没这么复杂，否则也不会发展到现在的规模。

2001年，哈佛大学到我们公司来写案例，来了六七个人，在我们公司待了一个多星期，几乎跟每一个人都谈过，我也花了很长时间跟他们谈。然后就写了一篇案例，说这就是你们阿里巴巴，让我签个字。我看了以后发现，那不是我们公司。他们说，这就是你们公司。讨论了两天，没有结果，最后说总得签个字吧，我就签了个字，后来就成了哈佛案例。其实，那个案例是不真实的，所以我现在一般不太相信案例。

如果真要了解阿里巴巴，那最好的办法是在公司待上三年。因此，所有加入阿里巴巴的员工，几乎每一个人，我都花一个半到两个小时跟他们聊，就像今天的讲话一样，我把我的话讲完，你把该问的问完。我不承诺你会有钱，不承诺你会成功；但我承诺在阿里巴巴你会委屈，干得很好还会挨骂。

第一节　以业务创新求生存

关于阿里巴巴，我最早的想法非常简单。我在1999年前后做了一个判断：中国一定会加入WTO；加入WTO之后，中国前五年一定以出口为主，后五年一定以进口为主。当时，我们简单的想法就是怎么帮助中国企业出口。至于阿里巴巴这个平台怎么来的，说起来有些偶然——那时候我在北京工作了14个月，离开北京的前一个星期我去了一趟长城，看见长城的砖头上到处写着"到此一游"，我就想，这就是最早的BBS，而且中国人就爱好这个。当时，我就想，假设能够把我们的网站做到极其简单，一打开所有人都会用，是不是就可以帮助中国企业做出口生意呢？这就是阿里巴巴最初的想法。

但是，我的想法和我们的技术人员存在很大的冲突。我认为，BBS必须进行人工管理，你今天想卖什么，想买什么，什么信息可以放，什么信息不可以放，要做出规定，而且要把它们进行分类。我们的技术人员说，这样做违背互联网精神。我说什么叫互联网精神？他说互联网精神就是自由、民主、开放。但是我坚持必须对它们分类，进行管理，并命令技术人员立刻按照我的方法去做。就这样，阿里巴巴产生了。

2003年，我第一次去哈佛MBA演讲，谈到阿里巴巴存活下来的原因，我说主要有三个：第一，我不懂技术；第二，我没有钱；第三，我从来没有计划。

第一，我不懂技术。到今天为止我也不懂互联网技术，不懂计算机；我到现在还不明白软件是怎么写出来的，为什么会运行。但我坚信技术是为人服务的，人不能为技术去服务。因此，我要求工程师做出任何软件都让我先试用，如果我不会用，就意味着80%的人都不会用，技术人员就得重新开发。正是由于这个原因，阿里巴巴推出的软件使用起来都非常简单，中国2 000多万中小企业的老板都能轻松使用。

第二，我没有钱。我们的创业极其艰难，从零开始，当时是18个人凑够了10万块钱。我们也都体会了缺钱的难受滋味。因此，虽然今天的阿里巴巴集团可能是中国互联网公司中最有钱的，但我们还是保留了当年的习惯。很多创业者犯错误不是因为没有钱，而是因为有太多的钱。我们很明白这个道理：没有钱不会犯太多错误，有了钱可能会乱犯错误。

1999年，我们融资100万美元。有了钱怎么办？首先就想到请人，请最优秀的人。最优秀的人在哪儿？跨国公司的副总裁、MBA、最好是世界五百强的人。那些人进来之后，跟我们讲公司的战略、前景，听得我们热血沸腾。当时，有一个新聘的营销副总裁第一个月跟我谈市场预算的时候，说今年需要1 200万美元，我很惊讶。过了一段时间，跟我说很抱歉，以前的预算算错了,其实最少要 2 000 万美元。怎么办?你不采纳他的方案是不尊重他,你要采纳,我们总共才融了 100 万美元,资金明显不够。最后没有办法,只有请他离开。

这些经历使我们明白,办公司不是要找最优秀的人,而是要找最合适的人。波音 747 的引擎是很好,但如果装配在拖拉机上,那么一发动引擎肯定就会爆炸。企业发展是一步一步往前走,每走一步,首先靠的是脑子而不是钱。做企业拼的是智慧,拼的是勇气,拼的是团队的合作。假如企业家之间的竞争是靠钱的话,那银行更厉害,风险投资更厉害。其实,只要企业有优势,钱就会来。

第三,我不做计划。从 1999 年做互联网到今天,我只写过一份商业计划书,但是第一份商业计划书被风险投资公司给拒绝了,从此我就不再写计划书。其实,计划书写得越厚,越容易脱离实际,但是,如果公司不按照计划书说的办,那就骗了投资者;如果按计划书去运作,又无法应对不断变化的形势,所以我们不订计划。

第二节 以团队创新提升领导力

互联网是一个综合性的行业,是由服务、技术各方面整合起来的体系。阿里巴巴发展到今天,原因也在于我们对这两个方面的把握,我们非常重视客户服务,也重视用强大的技术来支撑业务运作。

但是像我这样一个不懂技术的外行人怎样去领导互联网公司?我认为,外行领导内行的关键是去尊重内行。我从来不去跟工程师吵架,当然其中很重要的一个原因是没法吵,他跟我说什么系统、软件,我听不懂。但是有一项东西必须搞懂:按照客户的需求去做。我代表着中国 80% 的不懂电脑的人，客户的需求就是我的需求。因此，我要求工程师必须按照客户的需求去开发系统。

有矛盾的时候怎么解决？首先是互相理解和尊重。当然，也要有必要的手段。美国前国务卿鲍威尔曾说，假设向你报告的人不按你所说的去做怎么办？第一，retrain him（重新培训）；第二，remove him（调离）；第三，fire him（开除）。如果不这么做的话，其他人会觉得泄气，公司计划最终就会无法执行。

所以，要记住，领导永远不要跟下属比技能，但你第一要跟他比眼光，要比他看得远。读万卷书不如行万里路，眼光的高度要在领导的水平线上。第二，要比胸怀。男人的胸怀是冤枉撑大的，对待部下、员工、团队，要包容。合作不是一天两天的事，如果你是对的，永远有机会去证明。第三，要比实力。领导人员抗击失败的能力比下属强，一块砖头掉下来，别人挨一下就倒了；领导挨了一下，应该一点反应都没有，这就是优秀领导的条件。因此，一个优秀的领导人必须拥有眼光、胸怀和实力等素质。

说到团队，中国人都喜欢刘（备）、关（羽）、张（飞）、赵云、诸葛亮组合，但这样的团队很难找，千年一遇。对于我，则更喜欢西游记团队，像唐僧、孙悟空、猪八戒这样的人很容易找。唐僧这样的人，能力没有多少，但目标很明确，就是取经，这样的领导一般单位都有。孙悟空这样的人能力确实强，但是麻烦也很多，成功是他、失败也是他，这样的人你们单位有没有？也有。猪八戒这样的人，干活的时候能躲就躲，有吃有喝的时候来得最快，每个单位就更多了。沙和尚这样的人呢？管它什么使命感、价值观，一天八小时打卡上班，默默工作，每个单位也很多。这样的团队是生活中实实在在的团队。但就是这样一个团队，经过了九九八十一难，取得了真经。

对这样的团队，我这么总结：做人要像沙和尚，当领导要像唐僧，做事要像孙悟空，生活要像猪八戒。阿里巴巴从18个人发展到1万多人，我们感觉越来越轻松，就得益于基于这种理解而建立起的公司文化。我们团队的文化核心是什么？就是"我们都是平凡的人，聚在一起做一件非凡的事"。因此，我们不要精英，阿里巴巴不欢迎精英。因为我相信，如果有人说"我是精英"，这个人肯定不是精英。一个真正是精英的人，会把自己看得很低；当他以平凡的心态加入团队的时候，才有可能做出成就。

我以前经常反对 MBA，现在不反对。但对于刚毕业的 MBA，阿里巴巴不让他去做管理，而是把他们放到第一线，比如让他们去广东销售部做销售，6 个月以后活下来的，他们说任何话公司都会洗耳恭听；如果没挺过 6 个月，那么 see you next time。我们对 MBA 的理解就像打篮球，这些 MBA 的身材可能都是两米、一米九，非常高，但打篮球的时候不愿意蹲下去；我们这些人身材就是一米六，但天天在练，所以投球很准。当然，组球队的时候，不能老是找矮子，也要找一米八、两米的高个儿。关键是 MBA 进来以后，要能够融入团队。

现在我让很多同事去读 MBA。他们在学校里听了课回来感叹，说这些课程早该学了。我跟他们说，早的时候学就没用了，并且说，我不希望他们每门功课考优秀，重要的是选择需要的东西，或者说按照自己的能力去选择学习的内容。学了以后，再把自己所学的东西忘掉，才算毕业了。如果他们跟我说，书上是这么说的，案例是这个样子的，那就根本没有毕业，因为知识还没有成为本能。他们读完 MBA 回来以后，我发现这些人的系统思考不一样了，看问题的角度不一样了，理论水平不一样了，效果确实很好。所以，请来的 MBA，阿里巴巴首先让他到第一线去干；而企业内部的人，则必须送出去学习，这样的体系和制度对企业发展非常重要。

第三节　以价值观创新打造凝聚力

员工管理是企业运营的基本问题，说起人的管理，我要提一句俗语，叫"宁带千军,不带一僧",为什么呢?当初我也想不明白,后来研究过宗教的管理,才发现和尚难管,是因为他没有欲望,给他讲什么都没用,但是寺庙对和尚怎么管理呢?那就是用文化去管,而不是用我们经常想到的制度。阿里巴巴沿袭此道,我们用文化体系、价值观体系告诉员工什么该做,什么不该做。阿里巴巴从18个人迅速发展到一万多人,依靠的就是使命感、价值观、共同目标。

在水浒传里,梁山好汉有一个共同的使命感:替天行道。很多人一说到阿里巴巴,就说我们喜欢马云,我们要为马云工作。我说不行,我的员工不能为我工作,而是要为我们共同的使命工作。也只有依靠共同的使命感,而不是他物,员工才能长期共事,才能向一个方向前进。

一百多年前,GE创业的时候确立了使命感——要让天下亮起来。于是,所有员工都朝着这个方向,做的电灯泡越来越亮、越来越好。迪士尼建立的目的是要让全世界的人开心起来,之所以拍了这么多电影,就是为了让你让我开心。所以,建立一个公司,第一,也一定要有很强的使命感,这是我这么多年悟出的道理。也因此,阿里巴巴内部定了一个使命:让天下没有难做的生意。也就是,通过互联网,让中小企业做生意变得越来越简单。但是怎么让使命感不变成空话呢?那就是考核,就是使服务、产品、制度都围绕这个使命去做。任何东西违背了使命,都必须拿掉。

除此之外,必须要有价值观。阿里巴巴公司要求员工要讲究诚信、讲究激情、讲究敬业;做事要讲究团队、讲究拥抱变化、讲究客户需求第一。这些理念不一定对,但一旦确立,就必须按照这个价值观去做。就像到了寺庙里见了菩萨,你不能说"上帝保佑";到了教堂里,也不能说"菩萨保佑我"。阿里巴巴的价值观就是公司的"经",不一定对,但员工必须得念,必须得照着做。那么怎么保证员工去执行呢?我们的措施还是考核。从2003年到现在,五年多了,我们每个季度都考核,纵坐标考核业绩,横坐标考核价值观,对每一项执行情况进行打分。

在阿里巴巴,业绩很好,但价值观很差,不讲究团队,讲究个人英雄,或者说欺骗客户、夸大其词的员工,被称为野狗,这样的人公司不要;有的人是价值观很好,关心同事,孝敬父母,但是没有业绩,这些人被称为小白兔,也得离开公司。只有两样都好,才是阿里巴巴的合格员工。在考核中,两个指标各占50%,每个季度例行一次,经过五六年实践,现在已经变成了日常行为。所以,我想告诉大家,必须对价值观进行考核,才能保证效果。

经过了价值观、使命感的锻炼,使得阿里巴巴形成一个共同的目标,明确了未来方向和发展路径。

第一,我们要做持续发展102年的企业。102年听起来古里古怪,什么意思?这就是团队目标一定要明确的例子,目标越明确,实现的可能性越大。如果我们只是简单说要做百年企业,那又成了贴在墙上的口号,因为很多企业都说要做百年企业。而"持续发展102年"是说,我们诞生于1999年,我们想做到2101年,要横跨三个世纪,所以必须是102年。这样的目标很明确,便于制定具体的制度和政策保证它能够实现。

第二,要成为世界十大网站之一。在1999年,要成为十大网站之一是很难的,那个时候阿里巴巴大概排在第34万名,到现在接近这个目标了。如果将雅虎、淘宝、阿里巴巴全加起来,抢位全球十大网站已经有了希望。

第三,我们希望成为一家真正打入世界五百强的中国民营企业。到今天为止,阿里巴巴没有向银行贷过一分钱,没有向政府要过一分钱,没有一分钱的负资产。假设我们真正凭借自己的实力打进世界五百强,说明中国的土壤上能够生长出世界级的企业;凭借价值观和使命感,我们要缔造出让中国人骄傲的企业。所以说从今天起,我们所做的一切,必须符合这个目标。

价值观的塑造,就像一个人锻炼身体。身体好的时候一点感觉也没有,等你生病的时候,作用就发挥出来了。阿里巴巴最大的考验是在"非典"时期,我们一位同事到广东去,被怀疑带着"非典"病毒回到杭州。公司五六百号人全部被隔离,我被隔离了八天。在隔离之前的半天,我判断我们可能会被隔离,因为我们那个女同事确实发烧了,也确实去了深圳。这种情况下,我们立即进行应急防范,要求所有员工立即撤出办公室,把电脑搬回家,每个人在家里联网工作。当时我们想,如果不被隔离,就当"军事演习",一个礼拜之后大家再回来。结果,第二天果然被隔离了。一旦隔离起来,这六百人所发挥的作用是大家不可想象的。我们被隔离了八天,八天之内三五千万的客户打电话,发 E-mail 给阿里巴巴,但是没有人知道我们被隔离。"非典"过后,我们想,如果当时在另外一个城市有一个备份就好了。于是我们后来就在成都的办事处做了一个支付宝的备份体系。没想到地震又来了。我们一百多名员工,本来每天在那儿接电话,发生地震以后,我们的设备还好,人也没有什么问题,但是不能上班了。这时候所有的电话迅速转回到杭州,杭州所有的员工,几乎原先做过客服的所有人,不管怀孕还是生病,全部自动跑回公司里接电话,否则这么多的电话根本受理不了。而这些是没有办法发文件硬性要求大家做的,但是价值观告诉他们必须回来,要为客户解决麻烦。

所以,价值观在危难的时候会发挥关键作用。所以,公司要走向世界、走向成功,一定要树立使命感、价值观和共同目标。而且使命感、价值观和共同目标不能仅仅贴在墙上,而是必须落实在行为上,必须去考核。

第四节 以组织创新保障可持续发展

八年前,我们开掉一个经理,结果很多人闹事,说他走了,我们也要走,公司管理经历了地震。这是很多公司都碰到的问题。但是在制度建设的过程中,我注意到一个很有意思的现象,我发现我们党的政策在这一块做得相当好,比如说,换一个省长说换就换,换一个市长说换就换,这是为什么？这是制度和体系的作用，而接班人制度对组织发展极其重要。

认识到这个问题之后，我们不断探索公司组织建设的路子。比如，九年以来，我从来没有跟我们的 CFO、COO 坐同一架飞机，因为万一飞机失事，四个人都没了，公司麻烦就大了。另外，阿里巴巴还有另外一些措施保障公司体系的延续，比如，每一个干部必须找到他的接班人。我会问他们，假如你今天被开除了，生病了，坐飞机失事了，谁可以接替你。然后他会告诉你说，这三个人是我的接班人。我一看，怎么是那三个人？中间那个人很烂，你怎么会把他作为接班人？要么你眼光有问题，要么我眼光有问题，要么你胸怀有问题，我们要好好讨论一番。假设他的判断跟我的判断差不多，那么很好，这三个人就进入了公司的组织部。我们公司副总经理以上的人属于我管，好比省部级以上的干部是中央组织部管，不能轻易开除，不能轻易晋升，所有的东西都要组织部来考察。

公司发展有不同的阶段，遇到的问题很不一样。比如，公司二三十个人的时候，你在房间一个人说话所有人都听得见，矛盾不会太多。发展到 80—120 人的时候，情况就会复杂得多。这时候公司基本建立起三层管理体系，公司需要有一些职业经理人，但这些职业经理人可能不明白公司要如何发展，这个时候公司就很容易出现很大的问题。公司继续发展，到两百人左右的规模是最让人头疼的阶段，到三四百人的时候也许会有一些轻松的感觉，到了七八百人的时候，觉得公司发展顺利了很多；上千人之后又会碰到困难，大部分公司是 1 200—1 300 人时开始走下坡路；到了 2 000 人的时候，又有新的体会，企业发展就是这样，每个阶段都有新问题，在运作上都有新体会。

对接班人制度，在不同阶段也需要做不同安排。在企业三五十人、七八十人的时候也许不用考虑接班人问题，但到了一两千人的时候就不仅仅要考虑，而且接班人还必须由"中央组织部"考察，必须到"中央党校"去学习。如果没有去过中央党校你能当省委书记吗？不可能，必须去学习我党的使命感、价值观、管理方式、方法，然后才能去当领导。其实，我们中国的组织管理体系是非常独到的。到今天为止,在美国,谁搞得清楚五年之后谁当总统吗?但我们就可以。在公司里也要这样,我觉得在中国的体系里一定要做好组织建设,也只有建立起这样的考察制度和体系,公司才能走得长远。

去年,阿里巴巴上市以后,我做了一个很大的举动,让我们淘宝网总裁孙彤宇、阿里巴巴集团COO李琪、阿里巴巴集团CTO吴炯、阿里巴巴集团资深副总裁李旭晖离开公司,休假两年半。

为什么这么做?因为我知道当CEO很辛苦,虽然我从来不见一个客户,不谈一笔业务,但是我24小时都在考虑这些问题,真的太累了。我希望我也能早点儿退休。在自己感到很累的时候,看看我的团队,这些人跟我摸爬滚打了九年、十年,他们比我更累。这样九年、十年干下来,这些同事没有朋友——同事就是朋友;没有生活,没有兴趣爱好,工作成了人生的全部。这样再过十年、二十年,回头看的时候肯定后悔。人这一辈子还有很多东西,有自己的兴趣、自己的朋友、自己的生活,这样才有创新,每天只想着工作是不可能有持续创新的。

现在公司上市了,品牌也不错,是应该让这些人去外面的世界看看,去哈佛、北大念念书,也许三四年以后,他们又充满了力量、焕发了激情,能够成为我们的接班人,发挥更大的作用。假如他们两三年以后真的回来,我才有可能实现我的退休计划。当然,不回来我觉得也挺好。你不要觉得他欠公司什么,也不要觉得公司欠他们什么。公司不能被任何人绑架,任何人也不能被公司绑架。

总之,公司要持久发展,就必须明确使命感、价值观和共同目标,必须建立相应的公司治理体系。作为一个企业家,衡量他成功与否的标准,也是看他能不能建立一个制度体系,而且在他离开了十年、二十年后,企业依照这一套制度依然稳健运作。对于阿里巴巴和我来讲,就是假设我离开以后,它失败了,那是我一辈子的耻辱;假如我离开了以后,公司继续往前走,真正走过了一百年,那才是真正的成功。

● 案 例 解 析 ●

阿里巴巴的价值观

价值观建设是阿里巴巴管理中很有特色的部分，关于价值观贯彻情况的考核更具有创新性。在此，我通过一个例子，讲一讲我们怎么坚持价值观的考核。

在2002年，我们提出全年盈利一块钱。因为以前，阿里巴巴年年都亏损，每年亏损几百万，盈利很困难。公司上下都渴望着盈利，公司发展也需要盈利，但是怎么盈利？我们决定从一块钱开始。

一块钱的目标很明确，人人可以帮忙，可以通过多做一个客户，或者用节约一点电而实现。但我们碰到一个麻烦，那就是2002年在中国做电子商务，给企业做网页、做网站，尤其是针对中小企业，大部分必须给回扣。价值观告诉我们，不可以做这种事情。但是不做这个事情，公司就拿不到订单。怎么办？我们为此开了一天的会，绝大多数人都说，先让公司活下来，然后再把自己洗干净了就行；又有人说价值观很重要，这么做不行。最后到下午七点钟，我决定，宁可把公司关了，也永远不给回扣。大家说可以，那就这么运作下去。

结果是，第一个月业务运作还算顺利，第二个月突然发现了问题。当时阿里巴巴一个月的营业额只有十五六万元，其中有两个销售人员就做了十二三万元，但是这两个人给回扣。怎么办？如果把他们两个开掉，公司一个月只剩两万的营业额。后来我说，不管怎么样，一定要把他们开掉。当时大家都认为不可能。但是最后这两个人还是给辞退了，这件事对所有的员工都是血的教训。

从那个时候开始，大家都深深体会到，阿里巴巴的价值观是真的。阿里巴巴发展到今天，最值钱的还是价值观体系。很多企业说跟阿里巴巴合作很放心，因为我们不给回扣，而是把钱用在帮助企业成长之上。所以可以说，是价值观体系的建设，使阿里巴巴赢得了中小型企业的信任，使阿里巴巴走向成功。

- **问**：感谢马总在百忙之中抽出时间跟我们分享你的经验。我的两个问题是关于你的淘宝的。据我所知，淘宝去年的销售额已经超过了家乐福，大概是433亿元的营业额，但是好像从另一个方面来讲，淘宝的利润跟以上的这些公司有很大的差别。马总会采取什么样的方式和措施，从这么大的销售额里面增加自己公司的利润，这是其一。其二，淘宝网作为一个虚拟的大众非专业性的网站，在高速发展的同时，你也在面对专业性网站的挑战。比如说PPG的服饰、红孩子的母婴产品，更有甚者就是最近中国电子商务中心和广州一家企业联合打造了一个网站，它是以实体店的形式，而淘宝网基本是虚拟店。我想面对市场越来越大的竞争压力，您有什么好的建议或者其他什么想法。

- **答**：OK。第一个关于淘宝，我觉得淘宝今天不是要有利润，因为我承诺过五年内不会收费，承诺过的东西，我们会永远keep（信守）。淘宝没有利润，没有利润不是因为我们做不到，假设我今天宣布收费，一个月之内淘宝就会盈利，我对此的信心非常足。今天有人说如果我收费用户就会逃到易趣，逃到拍拍去，please（拜托）。因为绝大部分淘宝的卖家，一个月在上面已经赚了一两万、四五万、十几万的利润，假设你不愿意付个几千块钱，我觉得这些客户就爱上哪儿上哪儿去，对不对。他如果找拍拍网、易趣帮助他们搞建设，他就不是淘宝的客户。

  但是淘宝要做的远远不是赚多少钱，淘宝是要影响这个社会。我觉得在工业化时代，20世纪所有的信息体系是design for manufacture，为制造业生产。因为大量的制造业流水线的体系是20世纪的信息体系，所形成的流水线大规模生产、批量采购诞生了沃尔玛这样的商业形态，但是沃尔玛商业形态作为大规模的采购、大规模的定制、大规模的流水线生产，导致成本越来越低，商品同质化越来越厉害，导致大家没钱赚，制造商也没钱赚。但今天人们已经进入到为消费者定制的时代。五年以前你到街上去买衣服，小女孩看见一件衣服很好看，老板就跟她讲这件衣服昨天卖出了500件，一般女孩都买了；今天一听说卖出500件，那女孩转身就走，我买的最好只一件，我就要这一件。所以，信息时代为消费者定制，怎么做到为消费者定制，就会诞生一种新的商业的形态，是完全个性化、柔性化生产的时代，所以淘宝就应该走向这个时代。大家知道淘宝上卖得最多的产品是什么？服装。服装线去年卖掉了3 600万件，现在每分钟卖出的服装是36 000多件，原来大家都在想衣服怎么可能在网上卖呢，我告诉你时代变了，很多女孩子买衣服，长有长的穿法，短有短的穿法，时代变了。

所以，淘宝要做的是影响整个社会。信息时代我们拥有巨大的资源，你可以把微软的操作系统当工具，Intel的芯片当工具。我觉得它跟Intel竞争芯片有点儿难，操作系统跟微软竞争有点儿难，但是在怎么运用上面，终归有机会，互联网面前人人平等。假设我们今天在中国诞生了一个商业群可以应和design for consumers，我们一定会诞生一个超过沃尔玛的企业，所以我给淘宝制定的目标去年是433亿元，今年要走1 000亿元，明年是2 000亿元。今年1 000亿元？大家说1 000亿元，那怎么做得到，后来有人说我们能做到。现在看来我们是做得到的，2008年1 000亿元交易额做到了，但是我说完成1 000亿元我不开心，明年完成2 000亿元我才happy，那今年做1 000亿元就在想2 000亿元从哪儿来呢。假设你不去这么想，不给他们这样的目标，他就不会think about（想到），所以你必须要想。然后我又提了个目标——我们今天也有淘宝同事在这儿，我跟他们说过——我希望十年以内淘宝的交易量超过沃尔玛全世界的。那时候说沃尔玛全世界是多少,我告诉他们是35 000亿元人民币,中国GDP的零售总额在2007年是7.8万亿。你觉得好像不可能吧,四年前我们提出通过五年的努力超过沃尔玛中国,没想到提出口号的一年半我们就超过沃尔玛中国了。

那今天我们说十年以内,在中国做淘宝不是说赚多少钱,而是怎么样改变一个商业生态链,建立新的商业文明。因为我看到一个很不公平的现象,一定得改变,作为一个新的革命性的东西,必须去颠覆,去创造价值。我看到的情况是什么,今天像TCL的李东升,海尔的张瑞敏生产了很多电视机、电冰箱,自己的利润就三四十块钱,1%的利润都不到。那大量的利润他交给了谁,交给了像国美这样的企业,进场费15%,还不包括所有的discount(打折)。当这些企业从这些渠道拿到了这些钱,上了市以后,就去买更多的地,做更多的房地产,它没有把利润还给消费者,价格越来越贵。制造业利润只有1%,那么当制造业的利润低于1%的时候,你还能不能想象它会有钱做研发,创造更好的产品?不可能。

那么今天淘宝告诉他们,我只要收3%就够了,剩下的中间流通渠道的27%还给消费者和制造业,让他们能更强。你只有这样做的话,才会对社会有贡献,让消费渠道更加畅通。所以淘宝今天的问题不是赚多少钱,我即使是做1 000亿元每年,就charge(收)1%,我就有十亿元。而且还有很多其他的辐射,收费不是我。因为一旦你发现收费是最容易的事情的时候,对收费的兴趣就不大。你今天想怎么样做1 000亿元,怎么做2 000亿元,怎么样能在五年内完成10 000亿元,在十年内超过30 000亿。当然,我跟我们淘宝的平均年龄二十三四岁的年轻人说,在我死之前让我看见淘宝能够年交易额过10万亿人民币,他们说:"你活得长一点吧。"

- 问:我有一些小问题。第一个问题是,关于淘宝网、阿里巴巴、阿里妈妈、阿里伯伯、阿里姐姐,我什么都不懂,所以第一个问题是这些网站到底在做什么？第二个问题是，你的核心竞争力是什么？再有你刚才讲了很多关于企业价值观，但是我感觉外界对阿里巴巴的评价就是马云。第三个问题就是，你要是能写得下，请把这个问题写下来，我们要做一个报告。谢谢。

- **答**：不客气。你第一个讲到阿里巴巴，还有阿里妈妈，然后一大堆，我们到底在做什么。我想先告诉你一点，阿里巴巴一定有自己的战略。从外面不一定看得出来，因为没有必要不断地去讲我们的战略。我每年有一次接受采访，我从 2007 年 11 月 6 日上市那一天，说一年内我不接受采访。因为你天天接受采访，就没有人听了，而且会在那里瞎说，天天把你编来编去，对不对？但是一年一次，人家就会认真听你。我说过，2007 年 11 月 6 日，阿里巴巴将围绕两个战略，第一打造中国电子商务的基础建设，第二打造生态链，为中国电子商务创造一个生态链。在美国电子商务是一个 niche market（小众市场），在美国很难做电子商务，因为美国的基础设施太完美了，你要做一个纯电子商务很难。中国因为基础设施太烂了，所以你做出来就可能成为标准。因此我们的理想是今后所有的传统企业想做电子商务的时候，只要和阿里巴巴链接起来就可以使用。

所以，我们在中国所做的事情就相当于房地产的气、水、电等基础设施，这是我们的第一步。我们围绕着阿里巴巴所界定的电子商务的五个基础进行建设，第一是诚信体系的建设，第二是支付体系的建设，第三是搜索引擎的建设。诚信体系建设我们做了诚信通，支付体系建设我们做支付宝，搜索引擎我们买了雅虎的搜索。然后，我们的市场体系是阿里巴巴和淘宝网，软件当然是阿里软件。我们基本上围绕这个战略走开来。

第二个，为什么阿里妈妈这些公司会起来？阿里妈妈纯粹是帮助中国建立一个互联网生态体系。我最担心的事情是，互联网有一天真被几家大的公司给垄断的话，互联网的精神将会泯灭。互联网需要的是开放、分享、全球化，需要责任，假设不建立生态，就是你们几家垄断的话，互联网将会泯灭。那么怎样帮助无数的中小型网站起来，阿里妈妈就是希望帮助无数的中小型网站解决收费问题。没有中小型网站就不会有淘宝，当年淘宝和易购竞争的时候，是无数的中小型网站帮了我们，假设今天我们富了以后不去帮回它们，今后就不会再诞生像淘宝这样的企业。

但是，有一个细规则我们是既定的，那就是阿里巴巴集团永远不超过七家公司，哪怕诱惑再大也是七家公司。为什么是七，我喜欢七这个数字。一个人的管理能力，最多是七个人，这是个最大数，超过七个人就搞不清楚了；七是中国最 lucky（幸运）的数字，七仙女，对不对？北斗七星，江南七怪，七剑下天山，都是一个 team（团队）对吧？所以不要开很多公司，我们永远不会超过七家公司，如果再增加一家公司，只能问这个问题，哪家公司卖掉，哪家公司关掉，哪两家公司合并起来才可以。所以我们有自己的游戏规则。

第二，你说阿里巴巴的核心竞争力是马云，我告诉大家，阿里巴巴跟马云是划在一起，但我不是那个马云，那个是人们脑子里想象的马云。假设真是凭你讲讲话就能够引来 8 400 万的淘宝用户，8 700 万的支付宝用户，2 300 万的中小型企业，那这个人哪是马云，他应该是 god（上帝），所以忘掉这所谓的一个人，不要把自己看得很大。我觉得最最重要一点就是人们把你当英雄，你千万别把自己当英雄。我到今天也没写过一句程序，没拉过一个客户，没有编过什么东西，现在的成就是无数的人付出努力做的，是一万名员工做出的。但是毫无疑问，因为我创建了这家公司，因此在这个公司里面有我的影子，这个没办法。

我以前最大的遗憾是，有两家公司我去了成功了，我走了全部倒霉了。那我今天就说阿里巴巴假设我离开以后就失败了，那就是我一辈子的耻辱。假设我离开后，这公司继续往前走，那么作为一个企业家来讲，我完成了自己一个制度体系建立的过程，它要真正能走102年。考核我是不是成功，是指我离开后的十年、二十年，它是不是还很好。至于我的接班人是谁，我不会告诉你，告诉你接班人麻烦就大了。

- 问：我想问一下，新成立的雅虎口碑，它有没有困难？谢谢！
- 答：新成立的雅虎口碑，昨天我们宣布两家公司合并，我觉得面临的困难会很多，竞争很多。但是，我觉得竞争是最大的快乐，不要把竞争当做你死我活的事情，商场上最大的快乐之一就是你不要剥夺掉竞争。竞争最大的乐趣在哪儿？你下一步棋对手很生气，那就对了；如果你下一步棋，别人不生气你自己很生气，那你就走错了。通过竞争，你发现越来越痛苦的时候，就说明你错了。

所以雅虎口碑绝对不是针对百度，但是你需要假想敌。我告诉大家，阿里巴巴的假想敌不是百度，也不是QQ。1999年2月21日在我们家里创业，当时我在公司，成立的时候我们有录像，我说阿里巴巴的未来对手一定是在硅谷，在以色列，在我们不知道的地方。因为竞争者出现的基本情况是，第一你没看见他；第二你看不起他，觉得这东西怎么行；第三你看不懂他；第四你跟不上他。这四个基本上就是竞争环境。

所以，在整个竞争过程中，阿里巴巴的假想敌可能是沃尔玛，可能是微软，可能是Google，但你必须去学习他、超越他。至于我觉得雅虎和口碑合并有什么困难，昨天刚合并，后面几乎每天都是困难。但是我相信这个团队，我让他们去试，因为他们摔不死，而且不要考虑太多的协同效应，也不要考虑集团是不是应该支持他。

我觉得雅虎口碑要走的路还很长，我给他们的时间是3—5年，踏踏实实地想清楚了再干。因为我觉得在中国，我们需要围绕着三个因素转，第一围绕这个B2B——制造业和贸易商，还有淘宝和消费者。我们觉得中国大批的中小型企业，像第三产业的服务类、保姆业、租房、洗脚店、饭店，这些中小型企业它们今天也需要这样的服务。对互联网的用户，首先想到如何帮助他们，只有他们觉得你真帮了他们的忙，你才有可能发展起来。所以我觉得路还很长，它才刚刚开始创业，尽管人挺多，但是麻烦也很多。

所以，我们不会针对百度，百度做得好我鼓掌，我觉得中国有这样的企业是一种骄傲。像腾讯，这企业太厉害了，对不对。你别把边上的人都当对手看，那你就累了，我一直相信在竞争环境中，心中无敌，无敌天下。你要是心中有敌，天下皆为敌人，那就麻烦了。

- 问：马老师您好，问一下战略方面的问题。刚才您说了阿里巴巴做事不用着急，很多事情可以慢慢来。但是阿里巴巴在2006年收购雅虎中国之后，我发现动了很多比较大的手术。比如刚开始的时候，把雅虎中国原来不错的综合页面一下变成了这样中文化，过几天发现不行又恢复成了综合的网页，这是第一个。第二个就是当时阿里巴巴，因为就整个阿里巴巴的体制来说，实际上无线业务现在有一个非常好的渠道。阿里巴巴一共有七个公司，这些总公司需要无线业务来与相关的客户进行沟通，你可能一下就把无线部门给pass（关）掉了。到了今天，雅虎又重新开始做这些业务，招这方面的人，这是第二件事。第三件事在昨天你也说了，雅虎中国又跟口碑网进入了合并程序，所以这是很大规模的。

- 答：你的意思就是我把雅虎给搞死掉了是吧。我来回答这个问题，可能北京的很多人比较关心。

  第一，我想回答的是，为什么我有这么多改变？我们拿到雅虎的时候，假设雅虎中国是个很健康的公司，你说杨致远会卖吗？天下只有买错没有卖错的，对不对？当然我接的时候可能犯了一点错误，我觉得这是我在互联网开始创业时的偶像企业，我有种莫名其妙的使命感想把它变得好一点。我没有做太多的调查和研究，因为这是我第一次收购公司。我当时买雅虎出于三个目的，其中第一个目的是我需要搜索引擎技术，自己研发需要五年时间，买回来可能两年时间就够了，这是我第一个出发点，很简单。第二个出发点是我需要有一次收购兼并的经验，没有这个经验麻烦比较大。第三是我需要一次在国际上有影响，使得阿里巴巴在海外的合作，比方说海外的买家能够得到帮助，所以我当时的目的很简单，我买雅虎搜索引擎的目的是为了帮助淘宝和阿里巴巴，不是为了跟百度竞争。我从来没讲过说买雅虎跟百度和Google竞争。这个模式很多跨国公司在中国都在弄，它没有自己的技术，没有自己的文化，是个我认为寄生的胎儿。它有同样的脑袋，但没有心脏、没有肺、没有肝的，所以虽然得到了雅虎的品牌，但里面的核心基本上什么都依赖于美国，一旦切断以后就不行。

所以，你必须重新建立一家公司，这个是很痛苦的。当然我们中间犯了很多的错误，但是我并不觉得到今天为止是一个失败。雅虎为什么改呢？因为职业经理人的文化是不要变化，职业经理人想办法让老板开心，而不是让员工和客户开心，这是很多跨国公司职业经理人的一个通病。当年易趣失败就是这个原因。那我们进去以后发现雅虎中国里面有非常优秀的员工，但是它整个管理的思考体系是这样下来，上面怎么说他怎么做。他们考核的目标跟我们都是不一样的，我们考核是以客户满意来衡量的，他们考核是按上面是不是完成了KPI体系来的。我们有一个文化——拥抱变化，拥抱变化是阿里巴巴的特点，也是在中国生存的一个重要的元素，所以你就告诉他们，再把他改成这个样子。改过三次以后，他们相信你是真的拥抱变化的。得先把这个思想转变过来，要不断地转。

因为你要的是一家真正对中国互联网、对中国经济有贡献的公司，是要彻底重建的。为什么关掉雅虎无线部门？我当时进去以后，总共三千多万元营业额，有八九百万元都是无线收来的。无线那时候干的是什么，黄色短信，全是短信。这个东西，这些钱能持久吗？

那我们就告诉他,价值观告诉我们要诚信,关掉它。因为那时候我看不出 SP 有前景,今天告诉我哪家 SP 有前景。新浪当年多好,还有一个什么 Tom 等么多,我只不过比别人提前关了几天。痛不痛?痛啊,但是在价值观和业绩之间你选择什么,选择业绩把价值观消灭掉,这个是不行的。还有 400 万元的收入来自飘来飘去的小广告,也就是色情广告,治疗牛皮癣那些东西,关掉它吧。依价值观来讲,关掉这些东西就健康了,留着这些东西就没有希望。所以整合极其痛苦,不是说我们今天设想,就可以做这件事情,中间还有大量的东西,但是今天我觉得雅虎已经做到了。

第一,我们收购了雅虎中国以后,拿到了十亿美元。我做的最重要的一件事情,就是用其中七亿多美元买下了所有的 VC,把我公司的自立机构进行改进,我们的股东就是员工、软银和雅虎,基本上就这么三家,极其干净。小 VC 全部以 108 倍的价格回购,结构体系清楚。

第二,我把搜索引擎技术全部安装到淘宝,现在淘宝一天的产品数是 1.5 亿件。阿里巴巴的搜索引擎进去,然后雅虎很多的创新(innovation),今天在阿里巴巴全部实现。雅虎的魂已经长到阿里巴巴里面。再把口碑网放进去——口碑网是中国租房网里面信息量最大的,一天有八万条房租信息,把这些装进去以后,雅虎已经变成新的雅虎。我说过了,雅虎只有不像雅虎的时候,才能活下去,这是我三年前讲的话,我今天还是按照这个战略来实施。瞎子只有吃了馄饨才知道,这个馄饨有几个、多大。但是这些事情我们没有去跟外面交流。我们跟谁去交流?所有的媒体会说你就是个坏人,收购的东西给做坏了,对不对。而且收了雅虎以后,所有建立门户的对手,一时间都会针对我们从负面行动起来,认为我们跟他们竞争了。所以没必要去解释,越解释越累。

- 问:马老师您好,很高兴认识您。今天来听您课的人,无论站着还是坐着的都非常多。刚才也提到过您通过您的关系推荐了两个朋友,其实在咱中国有成千上万需要学习IT课程的人,那么您是否有意向再投资打造一个中国教育界的阿里老师呢?我们主要是做在职研究生教育这一块的。还有一个问题马老师,就是您当时在没有技术、没有资金又没有方案的情况下,是怎样吸引到VC的?您最打动VC的是哪一点?

- **答**:复杂了。OK,我先回答第一个问题,有没有可能投资啊。我觉得投资是阿里巴巴生态链建立战略里面重要的一环,我们已经成立了自己的战略投资部。因为今天我们在中国拥有23亿美元的现金,集团公司基本上不需要钱。淘宝我可以30年不收费,谁愿意等我30年就等。但是我们准备战略很重要,拿出很多的钱去投资互联网的创新,投资很多创新的东西。

  那么,我当时怎么去吸引投资者的,实事求是地说,我从来没有吸引过投资者。我觉得投资者要来,他得表现出对我有帮助,这是公平的。投资者的痛苦也很大,他投错了钱就没了,所以要找到好的项目;但是你也要永远相信,你们之间的沟通是平等的。我在1999年就先后拒绝了三十几家风险投资,因为我相信绝大部分风险投资并不明白阿里巴巴要做什么。我只有找到知道我想干什么的人才行。还有一个国企在找我,说:"我投你钱啊,今年投你100万元,后年还我120万元。"我说:"你比银行还黑,我欠你100万元后年要还你120万元。"所以,有些时候要学会跟投资者说"NO"。

  而且在今后有了钱以后,更重要的是永远坚持。投资者就是你公司的舅舅,你就是这孩子的父母亲。我跟投资者这两年的关系,是我永远倾听他们,但永远按照我自己的方法去做。孙正义嗓门很响,我说:"那你来做,你比我牛,那你来干。"杨致远你牛对不对,在中国搞成这个样子,要不你来搞搞看。他们是投资者,只能祝福公司而不能干涉。杨致远跟我分享的是美国怎么做的,我听听有道理；孙正义跟我讲的是日本怎么做的，听听也有道理。我是孙正义的董事，做他的董事时我告诉他中国是怎么做的，但我没告诉他日本应该怎么做。其实投资者肯定不如你懂，所以以后请董事别请有名的。特有名的使我觉得很尴尬，这个人特有名，他一个季度就来了董事会一次。然后讲两句话，你听听有道理，但是觉得不靠谱，不按照他的做是伤害他，按照他的做完全是错误，这时候就很痛苦。整个跟投资打交道最少也要说两个小时，反正这是血泪史，今后有机会我们再继续交流。

- 问：马总讲赚钱犹如做人，要靠使命感、愿景、价值观和实际。未来企业会怎么样，如何破解中小企业生存之道，企业未来的生存之道在哪儿？

- 答：OK，谢谢。我先把破解中小型企业生死存亡的问题讲一下。我有很多的想法，但是不一定能实现。今年我是 APEC 中小型企业工作组的主席，我的想法很多。我觉得首先想做的是，中国应该在高中阶段就开设创业生存的课程。现在我们更多的是教那些 Sin, Cos（几何术语）乱七八糟的东西。

但是，其实我们应该在高中里面学会怎么 hire people，fire people，怎样开个小饭馆，怎样经营，这些基本课程，这样就不会出现大学毕业后没有工作，要请政府帮忙。我觉得高中和大学都应该开设最基本的请人、财务做账等诸如此类简简单单的东西，毕业以后可以自己做事情，这是第一。第二，我呼吁各国政府要高度重视对中小型企业的扶持，现在很多大企业进入开发区我们都给优惠的税收政策，但为什么不给那些真正的中小型企业一年两年的税收优惠呢？我觉得这些工作我们应该做。就是基本的事情我也在不断呼吁，但是毫无疑问，电子商务是解决问题的一个重要途径，我呼吁也没有用，就按照自己的办法通过阿里巴巴、淘宝网、支付宝这些去实现它，因为有的时候讲还不如把它做出来。至于究竟会怎么样，我不知道，我不是个政治家也不是经济学家，只是个创业者，我用我自己的方式去实现对这个国家的理解、对中小型企业的理解。

- 问：今天非常荣幸来到这个场合，我来自于一家纽交所的上市公司，作为粉丝团代表过来。可能跟同学们都有关系，我只是个人职业的一个困惑，希望马云像一个兄长、一个智者，给我一个建议。我也是在公司很长的时间，作为创建的团队之一，我现在是副总裁，我负责总的公司、独自的业务，随着公司上市，我觉得自己的价值逐渐在缩小，我很想到光华管理学院，或者到斯坦福去念一个EMBA，但是我身边很多朋友都在告诉我说，没有价值，你现在在国内已经非常好，你的职位、你的收入都很不错，为什么要去做这样的事情呢。所以很困惑。

- 答：回答你最后那个困惑的问题。我觉得还是这句话，假设你想对这家上市公司做出贡献，你一定能找出办法。我觉得激励自己的永远不是别人是自己，假设你现在困惑该待下去还是出去读书，我觉得在这样的状态下去读书也挺好。其实我最近出了一个政策，在阿里巴巴只要是工作满八年的员工，第九年每个人给三个月的带薪休假，想干吗干吗。或者是你选择去读个MBA，到我们指定的学校读书，读什么都可以，学烹调也可以，学完以后你拿到文凭回来，我付你所有的学费。所以，你今天需要的是在困惑的时候，索性花三个月时间请个假说："我想休息一下。"你要做好准备说："我这工作不干了"，但是回来的时候，公司觉得你对它有价值，还是会请你，想清楚。

我认为如果你经历了那么多，读读书还是很好的。有时候在读书过程中，在MBA学校里面看看你的同学、看看老师，思考一下。其实我自己的成长也是这样，因为天下没有一个CEO学校，没有人教你怎么当CEO。我花很多时间参加各种论坛，但是我是带着耳朵去，带着心去，我没有带着嘴去。中国很多企业家也出现在论坛上，但他们带了个耳机，讲完自己的话，一搁就走了；而我觉得最重要的是去倾听、去学习、去思考。在倾听时也许他讲的跟你一点儿关系都没有，但你觉得很有意思。所以我的看法是你既然有那么多时间，可能也累，其实有时候迷茫是因为你不知道自己在干吗，或者确实疲惫了，休息一下，给自己一段时间，人是需要这样的。我自己也在跟自己讲，我真需要半年时间的休息，什么事情都不干，Do It（就这样做吧）。如果你觉得想读书，别听别人的，别人跟你讲的未必是对的，只有自己跟心讲的时候是对的。就像我创业的时候，1995年，请了24个人到我们家说我要做Internet，听我讲了两个小时，23个人反对，一个人说你去试试看吧。我想了一个晚上说我还要干，于是第二天去了，因为他们并不知道我想干吗。所以我觉得，中国人创业是晚上想想千条路，早上起来走原路，你绝对想干的话，这一辈子不要后悔。你没干过一定会后悔，干过不会后悔的。人一生是个经历，你去干干，试试看，凭你今天的能力，我相信凭我的直觉，你今天出去3—6个月读读书，回去人家还是会要你的。

第三讲
创新商业模式:为什么是搜索引擎?

李彦宏
百度董事长兼首席执行官

大家知道在广告界流传一句话:"我知道我的广告费有一半是浪费了,但是我不知道是哪一半。"互联网、搜索引擎的出现解决了这个问题,它使得市场可以像HR一样变得非常可管理,是就是,不是就不是,这样的变革以前是很难想象的。

第三讲 创新商业模式：为什么是搜索引擎？

非常荣幸受到北京大学光华管理学院的邀请，来给各位同学讲讲高科技领域的一些问题。大家都知道，我是做搜索引擎的，在座的各位应该都是搜索引擎的用户，每天都会用搜索引擎来查找各种信息和资讯，搜索引擎就在你们每个人的身边，在市场上搜索引擎也很火。2007 年，在美国证券市场上有四家公司的股票交易是最活跃的，一个是 Google，一个是百度，还有苹果以及另一家叫做 Research In Motion 的公司，这家公司可能有些同学并不是很熟悉，但如果提到 BlackBerry（黑莓）可能很多人就知道了，没错，Research In Motion 就是黑莓手机的制造者。

我们可以看到，这四个公司里有两家是搜索引擎公司。很多人就会问了，为什么搜索引擎公司这么热？我就从这个问题出发，给大家讲讲美国（基本上也代表了全球的趋势）互联网发展的历史，重点介绍一下搜索引擎技术与商业模式的演进情况。

第一节 创新商业模式：为什么是搜索引擎？

比较熟悉互联网发展的人可能知道，在 21 世纪初美国有一个非常火的互联网公司叫做NAPSTER。它通过P2P的技术帮助用户进行文件交换，很多人就是下载这个软件之后去交换音乐，这个公司也一下子就在互联网上火起来了。但这个公司火了没多长时间，就衰落了。现在这个公司还存在，可是它显然已经不再是人们关注的焦点。

到了2002年、2003年的时候，Google开始崛起。无论美国的产业界，还是投资界、公众都开始关注起Google这个搜索引擎。

其实，同时有一个叫SKYPE的公司在美国也非常火，它所做的是通过P2P软件技术为用户提供网络电话。这个产品一推出就迅速集结了大批用户。到2005年，SKYPE在事业达到顶峰时，做出了一个很明智的选择——把公司卖掉，买家是美国著名的电子商务网站eBay。但结果怎么样呢？大概两三个月前，eBay表态说当时收购SKYPE所支付的价格太高了，觉得多付了10亿美元。

这样的表态其实已经从另外一个角度证明，2005年那次收购不是很成功，或者说SKYPE这个在当时看来极其火热的技术后来没有能够真正发展起来。

那么，SKYPE之后是什么？是YouTube，这个可能很多人就知道了。YouTube在2006年左右在美国变得非常火，在视频分享领域可以说是一家独大。但是大家知道这个公司最终也被Google收购了，其后，它的影响力迅速下降。

Google在收购YouTube的时候大概花费了自己1%的股份，可是，因为YouTube到现在也没有成型的商业模式，而失去了公众和媒体的关注。

现如今，最受关注的或者说最时髦的技术和公司是哪个？应该是FaceBook。但在我看来，FaceBook实际上面临着与YouTube同样的问题。所谓Social Networking并不是一个新东西，它旧到什么程度呢？在1997年、1998年，我在硅谷一家叫做Infoseek的公司当资深工程师时，就听说互联网上出现了一个新东西，是根据一个比较旧的理论——六度理论——世界上任何一个人通过六次介绍就可以认识另外任何一个人，创立起来的。而最早基于Social Networking 创立的互联网公司叫做 Six Degrees，这家公司大约在 1998 年成立。到了 21 世纪，又有像 Friendster，MySpace 等很多基于 Social Networking 理论成立起来的公司。而到如今还没有被收购，并且依旧比较火的就只剩下 FaceBook 了。但是为什么我说它还是有问题呢？因为尽管这家公司很火，但仍然没有找到真正符合自己的商业模式，也就是它还不知道怎么挣钱。

通过上面几个 21 世纪互联网领域、美国高科技领域出现的红极一时的公司，我们可以看到，真正具有活力的其实只有与搜索引擎相关的公司，而其他的公司则都是突然一下子红了，又突然快速销声匿迹了。

对这种现象，我很有感受。通过和很多创业者交流，我发现大多数人都有一个思想误区："我做一个网站，一开始先不考虑它怎么盈利，先让足够多的人来使用。至于说将来怎么挣钱我再想办法，那是以后的事儿。"然而事实都证明，持这样想法的人最后失败的远远大于做成功的。其实，原因很简单，这种思路开始只考虑做的这个业务有多少人使用，却没有想到，用的人越多运营成本就越高；运营成本高到一定的地步，突然发现没有商业模式，不知道该怎么挣钱的时候，这样的公司就会突然一下子倒下去。

所以我们看到在过去七八年的时间里，有很多刚开始很火的公司都是因为没有好的盈利模式很快就消亡了，成了真正"一时的时髦"。只有搜索引擎公司脱颖而出，真正持续发展起来，因为搜索引擎创造性地推出了一个全新的商业模式。它不仅是给一般的互联网网民提供了一个很好的获取信息的工具，也给所有的企业提供了一个很好的做市场的方法和系统。

第二节　创新业务领域：搜索引擎解决的大问题

刚才我们回顾了最近这七八年，也就是 21 世纪整个 IT 产业历史的重要时段。如果把镜头再拉长一点儿，回顾近几十年的IT产业历史，比较一下过去的IT公司解决什么问题？现在的互联网公司在解决什么问题？或许会对信息产业的发展有更清晰的认识。

就商业模式角度而言，在互联网被广泛使用之前，或者说在搜索引擎的商业模式被发明之前，IT产业主要是解决公司内部的Productivity的问题，就是公司内部的工作效率的问题。比如微软的Office，以及后来的Oracle数据库，SAP等各种各样的应用软件。这些软件可以让人事部门的管理效率获得提高，因为它有一个系统可以随时调出来每个员工何时入职，工资多少，得过什么奖励等信息。这就是运用IT软件技术将业务流程优化得非常高效。

但在这个阶段，对于一个公司来说最重要的两个部门，IT技术都没有关注到，哪两个部门呢？就是销售和市场两个部门。销售和市场这两个部门，在前互联网时代，IT公司基本上是帮不上忙的。而在互联网时代，或者说搜索引擎的商业模式出现了以后才面对这两个部门解决问题。

上个月，我拜访了日本最大的广告公司——电通广告的一名董事，他告诉我，在日本大家怎么看广告产业，或者说他怎么跟客户做提案。广告公司就是要去给这些广告主提案，建议他们怎样去选择自己的产品，怎样去做市场。他在提案的时候有一个新的系统叫做AISAS，AISAS是什么意思呢？AISAS，第一个A叫做Attention注意力，然后I是什么呢？是Interest。第三个S是什么意思呢？是Search，第四个叫做A是Action，第五个S是叫做分享Share。

注意力靠什么来获得呢？基本上要靠线下媒体，比如说电视广告。你要想推广一个什么样的东西，就要去打广告，去引起人们的注意。

第二个是怎么引起他的兴趣呢？一方面可以通过电视这种影响范围比较广的线下媒体，更重要的是通过杂志、网站等信息量相对比较大，受众可以相对分得比较细一点儿的媒体，使得消费者产生兴趣。

产生兴趣以后怎么办？就要去Search，因为任何非互联网的媒体都有一个局限性——它的信息量是有限的。电视也好，报纸也好，杂志也好，路牌广告也好，你想说的东西不可能全部都放在那儿，它的价格跟它的信息量实际上是关系很大的，只有互联网媒体你多放个几百万字，成本是没有什么增加的。而电视比如 30 秒的广告和 1 分钟的广告，价格就差了去了。但很多的东西不是 1 分钟能说清楚的，可能是 30 分钟都说不清楚。比如说你要买一辆汽车，那可能要做很多很多的研究。这辆车返修率怎么样？从零到一百公里的加速时间是多少？耗油怎么样？有很多需要做研究的东西，这些东西传统媒体的广告是不能够完全满足的，因为它的信息量有限。所以在任何一个市场部门的市场行为当中，都必须要通过 Attention 和 Interest，或者说通过线下的一些活动、广告，把用户 Drive 到互联网上。

吸引到互联网上之后呢？他首先要去找。

举一个实际的例子。如三星要推广一个 MP3 播放器，它在线下讲了很多东西，但是至于这个东西到底意味着什么？其实人们还需要在互联网上获得更多的信息。如果三星告诉你说，为了获得更多的信息，应该到 www.三星.com/舞动音画去找，没有人能够记得住这个网址。尤其是在电视媒体上播出的时候，一下子就过去了，没有人能够记得住。但是你告诉他说，到网上去查舞动音画，大家都能记得住。所以就是它这个线下的 End Campaign 要把用户吸引到线上，从搜索引擎进入到真正信息聚集的地方，能够把最大量的信息提供给潜在消费者。

在日韩这些非英语国家，这种趋势非常明显，大多数的电视广告在最后一屏的时候都是一个搜索框，告诉人们到搜索引擎上去查这个产品。因为电视广告不管说了多少，都永远有想说没说完的话，那么怎么办呢？就是让大家去搜索，到互联网上去看更多的信息。

为什么在英语国家这个现象不是很明显呢？因为网址本身就是采用英语的，所以英语国家的人们记住网址相对容易；但是在非英语国家，大家记住英文域名很困难。而且在美国以外还有一个问题就是，人们可能搞不清楚域名到底是 .COM 还是 .CN，还是 .com.cn，更记不住在域名下面哪一个子目录是广告中推广的产品。

后面这两个 A 和 S 字母各代表什么？就是在搜索引擎上查到的这些相应信息，就是要 Take Action，这个 Action 通常是销售。比如，人们查到了所喜欢的车型的详细信息，又能够买得起，他就会去买那辆车。Share 就是说，他买完这个车以后，要把自己使用的体验在网上分享给其他的人，这种分享其实对其他潜在消费者购买行为的影响也会是非常大的。这个 AISAS 是现代广告业比较有典型意义的一个模型，它对整个广告产业或者说对于整个市场的做法产生了非常大的影响。它是一个闭环，而且这个闭环有很多是在网上实现的。在网上实现有什么好处？好处就是使广告效果变得可衡量。比如，可以计量到底有多少人来查找了舞动音画，他们查了以后点到了哪个网站？看了什么信息？有没有注册？只要他在网上，每一步都可以被跟踪。

大家知道在广告界有一句话说，我知道我的广告费有一半是浪费了，但是我不知道是哪一半。那么互联网、搜索引擎的出现就解决了这个问题，它使得市场可以像 HR 一样变得非常可管理，是就是、不是就不是，这样的变革是以前很难想象的。

为什么说它对销售也有很明显的影响呢？其实大家可以想象未来。我记得 Cisco 的 CEO John Chambers 在 1999 年的时候说过一句话，他说未来就没有电子商务公司了，因为所有的公司都是电子商务公司。现在趋势还在朝着这个方向演变，虽然我们还没有进入他所说的未来，但是我们相信随着时间的推移，销售会越来越多地在网上完成。或者说销售的一部分，比如通过注册把自己的电话留下，比如说在网上提交订单等，肯定会越来越多在网上完成。如果这样，IT 产业，或者说以搜索引擎为代表的新一代的 IT 技术，就解决了公司两个最重要的部门，或者说两个对外的部门——销售和市场部门的 Productivity 的问题。这就是互联网公司为什么在股票市场，在人们心目中占据着非常重要的位置，成为现代高科技最典型的代表。

第三节　创新的根源：全球搜索格局及发展趋势

既然搜索引擎如此重要，那么在世界范围内搜索引擎的发展格局到底是什么样子呢？

大家很明确地知道美国有自己的搜索引擎技术，它的技术所产生的产品在市场上占有比较大的份额。在很多时候，尤其是外行，对搜索引擎这个概念比较容易混淆。可能由于大家听了很多像百度这样以技术来创业的故事，觉得搜索引擎是一个很高深的东西，技术非常复杂。但是从一个技术人员的角度来说，其实写一行程序就可以做出一个搜索引擎，比如在 Unix Command 那个 Grep 后面加一个字符串，就可以建构出一个搜索引擎，就可以查到文件里什么地方出现了要找的词。但要想做出来一个真正被用户和市场所认可的搜索引擎产品，的确是非常非常难的。所以从这个意义上来讲，到现在为止全世界有四个国家有自己的搜索引擎技术——美国、中国、俄罗斯、韩国。

美国和中国的情况大家可能比较熟悉了；俄罗斯最先进的搜索引擎，或者说市场份额最大的搜索引擎是 Yandex，这是俄罗斯人自己做的。俄罗斯的互联网市场比中国要小很多，俄罗斯有一亿多人，其中互联网用户大概有两千多万。但是 Yandex 这家搜索引擎公司也是活得非常好，今年比去年的销售收入大概增长了 120%。

韩国最大的搜索引擎叫做 Naver，韩国这个国家很有意思，它总共有四千多万人口，但是除了老到不能动、小到什么也不知道的这些人，基本都是能够上宽带互联网，它宽带的普及率、渗透率是世界最高的。那么宽带普及了以后，用户的行为习惯发生了什么样的改变？这个问题韩国人最先知道。因为他们最先遇到了这个问题，并且把它解决了。这样就诞生了自己的、能够跟国际巨头抗衡的，甚至是比国际巨头做得更优秀的搜索引擎。

关于创新我们讲了很多，但互联网的创新什么时候能源自中国，中国什么时候会成为世界互联网的一个中心呢？我认为这需要充分利用中国的优势——人口数量世界第一。当我们变成世界互联网用户第一大国时，就有可能遇到美国人尚未碰到的问题。如果我们能先碰到问题，就有机会先去解决，创新就有可能源源不断出现，这是中国互联网非常光明的前景，是我们的独特优势。

通过刚才的分析，我们可以清楚看到，为什么搜索引擎技术这么重要，为什么像微软这样的公司愿意投入那么大的精力去开发搜索引擎技术？因为搜索是一个划时代的产品，是全新的商务模式！

师 生 互 动

- 问：我想问一个问题。百度在国内虽然市场份额遥遥领先于 Google，但是我了解一下，您觉得百度比起 Google 来是否存在差距，如存在，主要在哪些方面？

- 答：说实话，我作为百度的 CEO 肯定需要去 prioritize 自己的任务，或者说主要考虑什么问题？换言之，就是说摆在百度面前最大的这个挑战是什么？在我看来主要的挑战还是中国市场的成熟度。所以我每天关注的是中国的搜索引擎市场什么时候能够成熟起来，能够有多快的发展速度。

中国是世界上第三大经济体，按照 GDP 来算已经远远超过英国了，但是去年英国的搜索引擎市场是 20 亿美元，中国的搜索引擎市场却只有两亿美元，差距如此之大，什么原因呢？我想是中国的市场太不成熟，绝大多数的企业，不管是大企业还是小企业都没有意识到搜索引擎能够给它们带来变革，没有意识到搜索引擎给企业的销售和产品推广能带来什么好处。所以即使在百度在中文的搜索引擎市场上占有 3/4 左右的份额的今天,我每天在关注的也不是说我跟哪个竞争对手之间有什么差别,或者说我怎么样能够消灭掉它;我关注更多的是我们怎样能够把这个市场做得更大一点儿,怎样让它成长的速度更快一点儿。

当然,虽然中国去年的搜索引擎市场只有英国的 1/10,但是成长速度肯定比英国快。百度的业务也保持快速增长,看看百度的财报,就会明白我们的增长速度确实很快。百度现在的网络广告收入已经是中国第一了,超过了所有其他的网站,但仍然能够保证高速增长,它的潜力是可想而知的。

- 问:我的问题是这样,您怎么看待现在在垂直搜索领域出现的很多强有力的竞争对手,像爱邦网、酷讯这样的?您是觉得这些对手在帮您拓展市场,还是对您构成了一定的威胁?还有百度如何判断用户体验和利润之间的平衡关系,因为很多搜索结果,前面几条一定是广告。

- 答:垂直搜索这个也不是新生事物,我们在 1997 年左右就开始注意它。垂直搜索有没有用户需求呢?的确有。但是跟我一开始讲的观点有类似之处,就是垂直搜索的商业模式,人们经过了十多年的探索之后仍然没有发现它到底怎么挣钱,人们都不知道。所以它的发展就可能面临一个问题,等它走到一定地步的时候要么就是突然发现了一个真正能够挣到钱的商业模式,要么就会面临非常艰难的道路。对于百度来说,我们真正要做的就是为人们提供最便捷的信息获取方式。所以你可以看到百度除了网页检索之外,还有各种各样的检索服务。有新闻检索、图片检索,还有社区类的像贴吧、知道这些服务。但不断地提供各种各样新的检索服务是不是我们想要走的方向呢?其实不是的,我们想要走的方向正好相反,是要提供越来越少的检索种类。只有当你检索的种类越来越少,负担才会越小,才不需要考虑在有信息需求的时候,要到哪一类型的检索服务里去输入关键词。其实，对于用户来说最简单的办法就是只有一个搜索框，任何信息需求都可以在这儿得到满足。

我们做了很多的其他的检索服务，后来还是发现，只有逐渐地把这些东西整合到大搜索或者说网页检索里面去，才能真正让最多的用户受益。所以这是百度的一个努力方向，我们会把越来越多、各种各样的搜索功能整合到大搜索里去，让用户的负担越来越小。

你第二个问题是有关商业利益和用户利益平衡的。其实搜索引擎本质上是一个媒体，因为它的主要收入来自于网络推广。所有的媒体都面临同样的问题，就是头版头条是不是应该登广告。是这样的一个问题对不对？我相信任何媒体的领导人都知道如果没有好的内容，肯定会把受众赶走，那么将来广告就卖不出价钱来。面对这样的一个平衡，市场本身会用无形的力量逼迫你去做相应的取舍，市场会告诉你什么时候你需要满足用户的利益，什么时候你需要满足客户的需求。而这两者在我看来其实是有先后顺序的——先要满足用户的利益，要让他高兴，愿意来你这儿，你才有可能从客户那儿挣到钱。

经过这么多年的实践我们可以看到，百度目前是整个东半球最大、使用人数最多的网站，所以我们觉得这个平衡百度掌握得还可以。但是未来掌握得怎么样，那要看未来的用户数量和用户对我们的认可。

- **问**：我是来自清华互联网协会的，我想问一个关于SNS的问题。现在FaceBook非常火爆，您能分析一下，为什么现在大家这么看好它，为什么微软会花2.4亿美元买它1.5%的股份，为什么Google会非常害怕这个问题？谢谢。

- **答**：这个事情我是这样看的。在美国，1998年以后成立的互联网公司几乎没有特别成功的，或者说在整个高科技领域，1998年以后成立的公司都没有特别成功的。原因就在于这些已经成长起来的大公司采取了一种策略，就是宁可买错了也不能错过一个公司。所以很多红极一时的公司长大到一定的地步的时候，这些巨头就会对它说，多少钱可以卖给我？我们可以看到像雅虎，在过去就买了很多这样的公司。

所以我的判断就是 FaceBook 也是处在这样一种阶段。到底这样的 SNS 网站能不能真正地变火，能不能真正地持久，我觉得是需要时间来证明的。而时间怎么证明呢？还是刚才那句话，就是当有真正的商业模式，能够给客户带来实实在在的利益的时候，它才能够有持续的生存能力。我相信 FaceBook 也意识到了这一点，他们也雇了相当多聪明的人在研究网络广告。一旦它能够找到一个比搜索引擎还美妙或者说类似的广告形式，或者说虽然差一点儿但是差不了太多，那它就成功了。但是这件事情在我看来并不容易，因为从 1994 年商业性互联网公司出现到现在，真正在全球范围内被认可的互联网商业模式只有搜索引擎这一个。其实，这么多年来出现过大量各种各样的互联网公司，在当时非常火的公司也是很多的，但是能够存活下来的很少。

运作互联网公司确实是高风险、高回报。对于 SNS 的发展，如果要让我去猜的话，我认为它也许会成功。搜索引擎的商业模式在被发现之前，也没有人看好，第一代的搜索引擎公司也全部都死掉了。原因就是当初虽然很多人需要，但公司挣不着钱啊，最终就消亡了。

- **问**：百度在中文搜索领域已经取得了相当大的成功，请问下一步有没有要进军海外市场，比如说像日本或者说是韩国市场的打算？我想问的第二个问题就是你的策略是什么？刚才您说了电子商务的趋势，那百度在电子商务领域下一步有没有动作？

- **答**：这其实跟刚才讨论的问题有一点儿类似。百度从成立到现在，实际上只做了一件事情，就是中文搜索。2006 年 12 月份，我们宣布下一步要进军日本市场，2007 年 3 月份的时候发布了一个日文版的百度，当然它现在还在测试阶段。

任何一个成熟的搜索引擎从开发到具备竞争力大约要三年左右的时间,所以我们目前在日本的业务还处于一个投入、投资的阶段。我自己的一个理念就是一方面必须要专注,而不是同时做很多事情,才能把事情做好;另一方面我也觉得随着中国国力的增强,必然会在中国诞生一批在国际上非常有竞争力、有影响力的公司。

另外,既然百度在中国已经占据了3/4左右的市场份额,我们责无旁贷地要去中国以外的地方去施展能力。从某种意义上讲,只有我们在海外站住脚了,才说明百度是一个有竞争力的公司。以前人家总是觉得,百度在中国之所以是NO.1是因为政府支持他们,是因为我们更懂中国,是因为我们更懂中文。其实我没有觉得这是百度真正的核心竞争力。在中国这么一个有竞争力的国家,在这么大、这么重要的一个市场上,如果我们不能做出跟国际上最优秀的企业平起平坐的公司,我会觉得很羞愧。所以百度在未来的若干年当中,国际化的步子、决心、投入都会非常大。

我也希望大家一起祝福百度能够在中国以外站住脚。

- 问:您是否认为现在所有的网站都可以做 C2C 或者 B2B 这样的事情?
- 答:应该说所有的公司都会去做电子商务,不管是卖车也好,卖机票也好,最后都会把它至少是一部分的销售搬到网上。其实这个趋势已经很清楚了,这一趋势其实是谁也挡不住的。

而电子商务最大的受益者应该是搜索引擎。因为不管要干什么,比如像我们刚才讲的 AISAS 理论,都要通过搜索引擎才能够进入这些电子商务网站去 Take Action。所以把搜索引擎做好,就已经是在最大限度地 take advantage of e-commerce 了。

C2C 则是电子商务里的一个分支,是一个交易平台。目前,C2C 在多个国家的实验都还比较成功,对用户也的确很有价值,做 C2C 也能够赚到钱。在中国,C2C 应该说处于一个起步的阶段,原因就是中国还没有人从 C2C 上挣到过钱。但是通过搜索引擎,我们可以看到越来越多的人在找产品方面的信息。那么把这些信息整合到C2C平台中去,应该可以在相当高的程度上满足用户需求。所以,百度在做C2C平台,以满足百度用户的信息需求。

- **问**：大家问的问题都是跟技术相关的,我问一个跟管理有关的。因为百度公司作为一个高科技企业,它的管理相对于其他企业的管理是不一样的。在您看来,高科技行业的企业管理当中,主要的难题是什么?如果可以的话,请介绍一下人力资源管理或者说人员管理方面的一些重点和难点的问题,谢谢。

- **答**：无论是制造型企业还是科技型企业,甚至是一家创意型企业,虽然它们管理的方式和文化都不同,但在我看来其实所有公司的管理精髓都是一样的,那就是要提高整个公司的效率。虽然,不同公司表面上看不一样,但是本质上,它们做的事情都是为了提高它的生产力,百度也不例外。

  而创新对于企业的管理而言是至关重要的。因为你所处的行业面对迅速变化的市场,需要不断地创新,需要不断有新东西出来。这就需要公司具有持续不断地创新的能力。

  在管理上,如果你告诉员工每天必须九点钟到,晚到一分钟我罚你多少钱,那么他的创造力可能就没有了,因为这样待着让他觉得难受。相反,如果你不断地培养员工的创新性和对企业的责任心,那么我相信就算凌晨三点出了什么事,他也照样会来到公司。因为你的企业文化让他觉得自己应该来。

- **问**：我认为Google最大的失误就是在百度上市时,没有跟您谈妥,没把您的股权完全收回去。我觉得其实百度在这个市场并不是一支独大,在这个市场上还有跟随者和挑战者。我感觉到您的个人魅力非常强,而且您有很强的市场敏锐度。我想问的是您在企业中有没有固化一种制度,把您人格魅力的精髓以及您对市场的敏锐力固化到企业文化当中。因为毕竟从1999年创立到现在不到十年,百度还远远不能说成功,我也希望咱们的纳斯达克中国搜索引擎第一股,不会从流行到死亡,谢谢。

- **答:** 百度能够做到今天应该说不是我一个人的努力,而是经过了很多人的努力,很多非常有能力的人做了很多的事情。在这个过程当中,我们也在不断地探索什么样的竞争力是能够持久的,它不会因为某个人的离开而改变。

  比如说百度的企业文化到底应该是一个什么样子?我看到很多公司会把文化浓缩成几个字或者几句话,让员工背下来,在百度没有这种现象。虽然我们的确做了相当多次的总结,但是现在还说不出来,我也背不出来百度的企业文化是什么。

  但是百度的文化从成立到现在是传承下来了,再想改变已经变得非常非常困难。所以我觉得百度的文化是从公司创建就开始获得的,然后随着公司逐渐扩大而自然发展起来的。

- **问:** 大家都知道 Google 的域名已经从 www.google.com 变成 www.g.cn,我想百度是不是也可以考虑简化一下。

- **答:** 关于这个问题,我先讲一下我的经历。可能很多人知道我以前所在的 Infoseek 公司被迪士尼买了。当时迪士尼也觉得 Infoseek 之所以没有做过雅虎,很大的原因是因为 Infoseek 的域名比雅虎长,雅虎是 5 个字母,Infoseek 是 8 个字母。所以它就决定找一个短的域名来代替 Infoseek,于是花了很多钱买了一个叫 go.com 的域名。这个域名买了之后,不仅用,而且还被做成了品牌,任何人输入 infoseek.com 就马上被重定向到 go.com。但是,在 infoseek.com 变成 go.com 一年以后,80% 的用户仍然通过输入 infoseek.com 进入 go.com 的网站。通过这件事,我觉得改名字其实是风险挺大的一件事情,对于百度来说,我们也不打算去做这样的事。

- **问:** 提问非常多,李彦宏也回答了好多问题,但是有一个问题我一直期待您解答,那就是假如我在百度,我的事业怎么发展?

● **答**：谢谢，这的确是我挺想谈的问题。百度的校园招聘我几乎每年都要参与，每次都会有人问我说百度已经这么大了，我再加入的话还有什么机会吗？其实，当百度一百多人的时候就有人说：怎么会有机会呢？公司都已经一百多人了。但是，过了一年之后就发现，那一百多号员工已经是百度绝对元老级的员工了。

现在，百度确实已经人非常多了，但是大家应该关注的不是这个公司现在已经有多少人，而是这个产业未来还有多少可发展空间。我刚才讲到，我们这么大的一个国家，这么多的互联网用户，而且还有那么多非互联网人口在等待，我们的搜索引擎市场还只有英国的1/10。从发展角度来说，搜索引擎的发展前景是很辉煌的，每个人在百度发展的空间也是非常大的。

我记得百度上市后不久，股价大概在80块钱左右的时候，有一个业界非常资深的人物，也是一个非常著名的企业家见了我之后说，李彦宏啊，我觉得你现在非常有必要去做一件事情。我说什么事情？他说赶快去买公司，你的股票太贵了，市盈率太高了，随便买哪个公司它市盈率都比你低，这样才能够做大。

但是我坚决没有做，我觉得百度的发展潜力还根本没有释放出来，别人没有看到。你看到现在的市盈率很高，如果往前走三年的话，我只要盈利乘以十，那市盈率就除以十，除以十以后绝对是很低的，所以说它发展的空间是非常大的。

所以我觉得对于还在学校的同学，不仅要看待遇怎么样，更要看自己未来长远的职业规划是什么，看有没有施展的空间和机会。这方面我觉得，第一百度是在全球公认最挣钱、最有前途的一个行业，第二百度又处在一个绝对的领先地位，它未来的发展有无限空间。我想这些问题是职业发展中最重要的。

第四讲
新媒体产业的未来看中国

季卫东
摩根士丹利董事总经理

我觉得在中国这个和谐社会的环境里，有两类内容是最值得投资的。第一是体育，第二是卡通。为什么呢？原因很简单。第一，体育和卡通都属于绿色内容，比较容易获得政府的认可和支持。第二，无论是体育迷还是卡通迷，通常是冲动消费者。

第四讲 新媒体产业的未来看中国

以数字媒体和互联网为主的新媒体产业，或者内容产业在中国的发展非常迅猛，这一点大家有目共睹，对于其未来发展前景，我认为也十分广阔。为何这样讲呢？下面我提出几个理由。

第一，大家都知道巴菲特，人们称他为股神，在他长期持有的股票中有两个公司，一家是华盛顿邮报，这是一个媒体公司，另外一家在他早期的大部分时间都曾经持有，叫 Capital City，后面卖给了 ABC，也就是迪士尼这个公司。所以股神巴菲特对媒体这个产业一直都非常感兴趣。

第二，如果去看一下去年世界上最富裕的人，问一下在哪一个行业里出现的亿万富翁最多？我想不用说大家也知道，那就是媒体产业。全世界的亿万富翁，从这个行业产生的是最多的。

第三，中国的情况很特殊，由于媒体产业的监管较严，到目前为止国有媒体公司中只有一家在海外上市，就是《北京青年报》，上市已经有五年多。但中国媒体产业将来的发展前景会非常好，有大量的公司会在今后的五到十年内陆续走向资本市场。在美国，以好莱坞、百老汇、迪士尼为代表的娱乐产业，对美国 GDP 的贡献排在所有产业的前三位，而在中国去年才勉强排进前十。随着中国十亿老百姓消费能力的逐步提高，他们对衣食住行的需求会渐渐升级到对精神产品、娱乐产品还有文化产品的需求，因此必然会推动中国媒体市场在今后 30 年高速发展。

第一节 中国特色

在中国特殊的社会环境下,媒体和互联网行业的发展具备自己的独有特色。

第一,中国媒体和互联网充满了生机,我们的电视用户、报纸发行量以及互联网用户在全世界都排名第一;从1995年到2006年,中国的广告收入增加了七倍,中国的GDP增加了三倍,而美国的广告在同一时期只增加了两倍。所以无论在用户数量上还是增长速度上,我们都领先于世界。但有趣的是,中国人均广告的支出只占了美国的2%—3%,这说明我们还有很大的增长空间。

第二,中国的传统媒体和新媒体之间差别非常大。举例说明,我们的传统媒体,比如说报纸、电视台,几乎全是国有的。新媒体无论是分众传媒、新浪、搜狐还是网易,多数都是私有的。从管理层来讲,我们传统媒体多数是由文科生来管的,而新媒体大多数是由理工科生来管的。我去过世界上很多地方,感觉文科生和理科生差别最大的一个国家也许就是中国,从高中起大家就已经开始分班了,而在美国,一直到读完大学之后,文、理科生才会分班,这就造成文科生和理科生在思维方式和处事方法上会有很大不同。更有趣的是,在中国,新旧媒体客户的年龄层次也差别很大,传统媒体的观众70%都在30岁以上,而70%左右的中国网民都在30岁以下。

说到新旧媒体之间的差异,中国新媒体的增长速度要远远高于传统媒体。举个例子,中央电视台是我们中国电视广告业的老大,在2002—2006年这四年多时间里,每年广告额的增长差不多是11%—12%,但新浪、搜狐广告业务的增长每年在40%—60%这个范围。根据我们的统计,去年一年,分众传媒的广告收入已经接近中央电视台广告收入的20%,而分众传媒只有5年多的上市历史,但中央电视台已经有50多年的历史了。如果按照净利润来算,分众传媒的利润就更高,差不多是中央电视台去年净利润的30%—40%,这些新媒体对很多传统媒体形成了很大的竞争压力。

应该说,中国的新媒体和传统媒体相比收入比较少,但上市公司特别多。2007年一年,传统媒体,包括报纸、电视台、户外媒体的整体收入,要比新媒体,也就是手机和互联网媒体的收入多5倍,但传统媒体上市公司的数量还不到新媒体的一半。所以在上市和与资本市场接触方面,应该说新媒体的步伐远远走在传统媒体之前。

第三,新媒体市场还有一个特殊的现象,就是赢家通吃。举例来说,分众传媒在高端楼宇的广告里几乎占了95%的市场份额;很多朋友都在用腾讯的QQ——中国有80%的即时通信用户都是属于腾讯的;新浪和搜狐这两家公司占有了整个中国网络广告中45%的市场份额。有趣的是,中央电视台是中国广告行业的老大,却只在电视广告中占了1/4的份额。造成这些情况的主要原因是因为新媒体,尤其是互联网媒体,打破了传统的时间界限和地域壁垒,形成了一个赢家通吃的局面。

我们再来看一下中国互联网作为新媒体的代表,有哪些特征。

其一,中国互联网的普及率还很低。中国的手机用户毫无疑问已经全世界第一了,它的总数等于后面三个国家的总和。中国互联网网民现在已达到了3亿多,在全世界也排名第一。

尽管如此,中国互联网的普及率依然还很低,中国老百姓仅有1/4上网,而在美国、日本、韩国,网民一般占到总人口的70%以上,所以我们在渗透率上还有很大的增长空间。之前所提到中国70%左右的网民在30岁以下,多数是单身的,多数都是家里的独养子女,这就形成一种需求,他们无论在线上还是线下都非常需要伙伴。这就是为什么网上交友,尤其是找男女朋友,是中国互联网上最火爆的一类服务的原因。

其二，中国的互联网还有一个特征——它的利润率远远高于全球的同类公司，到2007年为止，中国上市的互联网公司的平均经营利润率达到了35%—40%，是美国同行的三倍。为什么会这么高呢？主要原因是中国的互联网公司具有轻资产而重人力的特点，而中国的劳动力相对美国来讲很便宜，如携程人均的经营成本只有美国同行的10%左右。

中国互联网行业包括手机产业对整个中国经济的贡献越来越大。根据我们的估算，到去年年底为止，中国互联网产业有三大支柱——第一块手机业务，就像铃声下载、短信业务；第二块是网络游戏；第三块是在线广告——它们整个加起来差不多有七十多亿美元的收入。如果按照实际购买能力，也就是PPP（purchase power parity）来调整，按照它们对行业的带动能力来调整，中国互联网业实际的贡献已经达到了2 000多亿美元了，也就是，中国的GDP当中，每20—30块钱就有1块是由互联网和手机业务直接或间接贡献的。

其三，几乎所有国外比较大的互联网公司都进入了中国，其中包括微软、雅虎、Google、eBay和亚马逊。但到目前为止，大部分国外公司都面临一些"水土不服"的问题。其中如eBay（易趣网），它原来占有网上拍卖90%的市场份额，但是阿里巴巴拥有的淘宝网只用了三个季度，就把它的市场领先地位抢走了。第二个例子是亚马逊和卓越，这两个公司在合并之前，曾是网上书籍买卖这个行业的领袖，但合并后很快也被当当超过了。雅虎中国到目前为止已不再是一个独立的公司，已经被阿里巴巴拥有了。

为什么会发生这些"水土不服"的问题呢？除了政府对外来企业监管的门槛比较高之外，我们注意到这些跨国公司还存在两个问题，一是因为它们的管理结构相对比较复杂，一个大的决定要做出，往往需要报到总部，来回少则几天，多则几个月。我们互联网行业就如同赛车行业，你需要分分钟都抓到机会，做出很快的决定。一些本地的公司，往往可以在很短的时间内就做出决定，在这方面的效率上大大超过跨国公司。另外更重要的一个原因是，很多跨国公司到了中国后，对中国市场、本地消费者的了解还不够深入。我的看法是,内容是一个本地的产业,服务是一个本地的产业,但技术是一个国际性的产业,所以中国公司目前要在技术上和国外的大公司比还有很长的路要走,但在内容和服务上,中国公司有明显优势。就像携程,它以前送机票很多时候是派人骑着自行车去送的,而像 Expedia,是世界上最大的网上机票供应商,有很强的国际管理经验,但来中国后在管理自行车队以及低成本的呼叫中心方面,与本地公司相比,有明显的距离。

第二节 未来新领域

我下面和大家交流一下中国媒体和互联网的新趋势。

第一个趋势就是新旧媒体的融合。我们看到中国的新旧媒体,虽然差距那么大,但它们正在进一步地互相嫁接、融合。最典型的例子就是"超级女声",它本身是一个传统媒体的选秀活动,是一个电视节目,但因为借助了互联网和手机平台,它在中国的影响力和收入水平大大超过了一般传统媒体的活动。具体来说,2006 年超级女声的决赛在短短 3 个小时里一共收到 1 200 万张选票,大约每秒钟收到 800 张票,也就是每秒钟有 800 个手机在投票,这个记录应该说在中国甚至在世界上都是空前高的。另外,它的广告收入达到了 2 个亿,比前一年也增加了两倍,而冠名权的收入,主要来自蒙牛的酸酸乳,也比前一年增加了大概 5—6 倍。总而言之,新旧媒体的结合,会使传统媒体更焕发活力。

讲到新旧媒体的融合,另外一个产业也值得大家关注,那就是中国的数字电视行业。这个行业将来会成为整个中国消费品行业中成长最快的一个,甚至要高于其他一些"高速成长"的行业,像付费搜索、在线招聘等。

我们也知道世界上最伟大的一些公司，无论是微软还是思科，现在也越来越多地走向互动电视这个领域，包括思科买了Scientific Atlantic，微软有一个XBOX，都是希望将来能主导你的家庭娱乐，这个趋势我觉得是中国的电视媒体将来会走的一个大方向。

中国的有线电视行业是一个被埋没的珍宝。为什么这样说呢？因为虽然中国的有线电视家庭差不多达到了1.4个亿，占了全球用户数量的1/3，也就是说世界上每三个有线电视的家庭中，就有一户在中国，这个基数相当大，是美国的两倍。但每个家庭在有线电视上的支出只有美国的2%。为什么会这样低呢？有几个原因：

一个原因是中国有线电视的市场十分分散。前五位的电视运营商只占到市场份额的14%，而在美国已经占到了80%。正因为它们缺乏规模效应而很难摊薄内容成本，又拥有局部垄断，所以很多有线电视运营商，包括北京歌华，在内容方面基本上是不付费的。北京歌华去年一年在内容上的付费几乎是零，但国外那些比较大的有线电视公司，无论是时代华纳，还是香港的i-Cable，平均要付出它们30%的营业额来给内容供应商。我觉得这种情况在中国不会持续太久，内容这个产业随着大家消费水平的提高，随着大家对娱乐内容的需求，会有高速的成长。

另外一个原因是中国有线电视的互动增值业务不够发达。目前中国电视机宽带接入的比例只有3%，在中国点播电视节目的比例和美国的40%、50%比起来，也是非常低。正因为中国的电视互动业务不够发达，所以现在我们每个家庭电视用户能贡献的营业额只占到美国的2%—3%，但这个情况随着中国电视的数字化会很快发生变化。我们观察到的一个现象是，中国正在大规模地进行有线电视的整体数字平移，将来各位家里的电视可能就会互动了，你可以点播最喜欢的节目，看超级女声不光只看决赛了，你可以点播每一场，又比如你看姚明的比赛，也不是只看中央电视台的节目，他的每一场比赛都可以按照付费的标准花个5—10块钱来点播。

就我来看，中国消费品市场有两个产业在今后三五年内是投资的热点，第一就是中国的互联网行业，另一个就是中国的数字电视行业。为什么呢？因为中国网民的数量到2006年年底已经超过了中国人口的10%，中国的数字电视家庭到明年也差不多要达到所有电视家庭的10%。那么一个行业在用户渗透率达到10%—50%的阶段，一般是增长的"蜜月期"，也是投资的高回报期。如果渗透率在10%以下，这个行业还不够成熟；超过50%，这个行业就会变得饱和。所以我希望在座各位能抓住这样的好时机，将来能在互联网和数字电视行业里，找到你最佳的工作机会和投资机会。

第二个趋势是内容为王。我觉得在中国这个和谐社会的环境里，有两类内容是最值得投资的。第一是体育，第二是卡通。为什么呢？原因很简单。第一，体育和卡通都属于绿色内容，比较能得到政府的认可和支持。第二，无论是体育迷还是卡通迷，通常是冲动消费者。

先讲体育产业。当你看到你热爱的球队无论是赢球还是输球的时候，你不会太在乎手里的那杯可口可乐是不是比平时贵一倍，对你热爱的卡通人物和体育明星所代言的产品，你也会比较舍得花钱。这些冲动消费者是广告商的最爱，也是产品供应商的最佳目标。更重要的一点是，中国球迷的数量特别多，大概估计一下，中国的篮球迷有3亿，足球迷有5亿，都超过了美国的整个人口。而且我们上升的空间特别大，根据我们的估算，姚明去年一年的个人收入大概是2 000万美元，相当于中国整个CBA，也就是中国职业篮球协会16支球队所有收入的总和。但尽管如此，姚明的收入水平和国际上的超级明星还有一定差距，去年他的收入只有小贝和迈克尔·乔丹的1/2，只有高尔夫球王泰格·伍兹的差不多1/4。

下面再讲一下动漫产业。我觉得这是中国内容产业另外一个增长热点。为什么呢？很简单，在美国好莱坞历史上前15名的大片，有20%是卡通片，1/3来自于卡通故事，80%是科幻片，科幻当然有很多卡通的成分。其中票房收入排在第三位的是叫《怪物史莱克》的卡通片，我想各位都已经看过。去年一年迪士尼一个公司的收入要比整个中国动漫市场、卡通市场大十倍,所以中国卡通市场未来空间非常大。

第一,中国卡通市场将来会非常繁荣。一是因为中国15岁以下的儿童有3亿多,在世界上其他任何一个国家都找不到这么大的用户群。二是因为他们多数是独养子女,独养在经济学上又叫垄断,而垄断往往能带来提价能力。对中国父母而言,只要他们的消费能力能够提供的,基本上都会满足这些孩子的需求。三是因为在卡通的消费中,孩子是消费者,但爸爸妈妈是支付者。所以孩子一般对价格不敏感,而价格不敏感的用户往往是广告商的最爱,同时也是产品供应商的最爱。目前这些独养子女们每个月的动漫消费,差不多只有人民币五块钱,相当于衣服和文具消费的1/13。有一点我在前面也提到过,中国互联网的网民有2/3在30岁以下,很多是潜在的动漫用户。我2007年去了日本三次,而且常住香港,我发现,节奏越快的国家和地区,对卡通的需求越大,很多日本和香港的成年人都看卡通。其实卡通不仅是儿童产品,也是很多成年人所需要的读物。

第二,在中国,卡通市场的供需关系是严重失衡的,目前中国本地能提供的卡通产品只占到整个行业需求量的10%左右,是远远不够的。

第三,也是最后一点,卡通这个行业有放大效应。一个孩子去看卡通电影,家长常常会买两到三张票,为什么呢?因为一般都是爸爸、妈妈带着孩子去看卡通。而一本卡通书籍,常常是爸爸妈妈看了以后,晚上当做床边故事念给孩子听。所以无论是卡通电影还是书籍,都有这样一个放大效应。

中国互联网无疑是一个卡通的世界。这里讲到腾讯——是我在多年前带着上市的,我想很多朋友都用QQ,这是中国最大的网络社区,它上面很多的虚拟人物都是卡通人物;另外中国最大的网络游戏就是网易的《梦幻西游》,我们看到《梦幻西游》整个就是一个卡通产品。所以我觉得卡通产品、卡通内容的推广,很大程度上可能先在互联网上开始。

讲到内容,我想和大家提一下著名的芙蓉姐姐。为什么呢?无论你喜欢与否,她其实已经成了我们中国内容行业的一个特殊现象。举例说明，在2006年一年里，她的照片在400万个网站上出现过，比著名的电影明星像巩俐和徐静蕾出现的次数还要多出将近50%，有关于她的内容的网站，平均每十秒钟会出现一个，而且这类内容的成本非常低，因为是用户生成，这就大大繁荣了中国互联网的内容，当然这种"繁荣"有时是打引号的。

讲到内容必须要提一下，现在明星的价值越来越得到市场的认同。上星期天我在上海带母亲去看周杰伦的演唱会，整个会场一共有7万人，两个多小时的演唱会当中他们几乎不停地挥着荧光棒，绝大多数观众都是站着的，而且不是站在椅子上，是站在椅子的把手上，以至于我这样身高的人都没有办法从他们头顶上看过去，观众的狂热毫无疑问可以用"惊人"两个字形容。

我前一段也花了一些时间专门去比较梅兰芳和周杰伦。为什么要研究他们呢？他们是两个时代的超级明星，两个时代的内容创造者，我觉得他们身上有很多共同的地方是我们将来投资和关注的方向。一是他们都非常全面，非常善于创新。梅兰芳无论是在曲目上、唱腔上、表演上，甚至化妆上都有很多的突破；周杰伦我想就不用说了，无论在曲风、音乐还是表现上，应该说都领先于这个行业。二是他们都不是单打独斗的，都懂得团队的管理，都拥有团队的支持。比如我特别喜欢周杰伦的歌词，是方文山为他写的，无论是《发如雪》还是《菊花台》，方文山写歌词的水平，我觉得可以说是超一流的，就像当年的梅兰芳也有《贵妃醉酒》、《穆桂英挂帅》这样一些曲目，也有一些非常有名的人如齐如山为他提供素材。三是从一个投资的角度看，这两位都非常善于经营。周杰伦毫无疑问是大中华地区收入最高的艺人，梅兰芳曾经是中国历史上收入最高的戏剧演员。我做了一个统计，梅兰芳20岁时，在当时还没有广告收入的情况下，一年的收入差不多就有一百万人民币了。

最后，我们看到内容为王的趋势确实越来越明显。因为内容传播的渠道越来越多，而好的内容变成了非常稀缺的资源。我做了一个统计，中国在《福布斯》排名前一百位的文体明星，他们2006年的平均收入和2005年相比，增加了40%以上；但在2003年、2004年、2005年这三年里，他们的收入水平基本上是持平的。为什么呢？因为他们是内容制造者，而内容的需要越大，他们的价值也就越得到市场的认同。更有趣的是，他们这一群人的收入越来越向少数"大牌"集中。在排名前一百位的明星中，前十位超级明星的收入占了这前一百位收入的50%，因为无论是大家熟悉的巩俐、章子怡还是刘德华，这些人越来越成为品牌广告商的最爱。

中国媒体行业的第三个趋势，就是一些新生的渠道和传统媒体的传播渠道截然不同。在我看来，腾讯QQ已经成为中国最大的虚拟公园。它推出的新产品，就像网上拍卖、搜索、休闲游戏、QQ即时通信，这些在中国毫无疑问都是绝对领先的，和第二位的差距很大。更有趣的是QQ宠物，就是那些胖胖的企鹅，在2005年推出来的时候，基本上资本市场没有给它任何估值，但到了上个月，已经有几千万个虚拟宠物在腾讯社区里快乐地生活，并且这些宠物多数都是要付费的。像这样一些新的网上社区，新的渠道推广模式，在传统行业里是看不到的，所以说腾讯已经成了中国一个网上最大的新产品、新增值服务的推广平台，也成为中国年轻一代交流感情的一个渠道。

我前面介绍了很多令人鼓舞的新趋势，但另一方面在我们这个行业里存在第四个趋势，那就是竞争也是非常激烈的。中国一共有差不多两百万家注册的互联网公司，到目前为止上市的有多少呢？差不多是20多家，其中有90%甚至95%以上的公司，也许永远上不了市，可见这个行业的竞争是非常激烈的。

我再举几个例子。第一个例子是在中国的网络广告行业里，新浪和搜狐这两家公司是行业的老大和老二，它们在过去三年里的竞争一直处于胶着状态。搜狐和新浪广告收入的差距曾经一度缩小到10%，但新浪一次一次又把这个差距拉开。这好比是两个选手在跑马拉松，分别排在一、二位，他们之间的差距不停地缩小又变大，竞争非常激烈。

第二个例子是网络游戏行业,网易和盛大这两个公司在剧烈地争夺市场的领先地位。五年前,盛大在网络游戏行业里是绝对的老大,比排在第二位的网易的市场份额大了一倍。但很快网易又超过了它,最近这个市场的领先地位又发生了变化。所以在互联网产业里,有一些行业可以赢家通吃,而另外一些行业的领先地位未必是一劳永逸的,所以领先的企业一定要保持高度的竞争力。

第三个例子是在美国广告市场上,互联网产业在不停地获得市场份额。根据最新统计,互联网广告已经占了美国整个广告市场的大概10%,而在1994年时几乎是零,与此同时,报纸的广告则在一路下跌。我们可以看到,无论是在中国、美国还是世界上其他国家,互联网越来越成为一个网上的超级大报纸。你们也可以观察一下新浪和搜狐,它们正从网上的超级大报纸变成网上的电视台,并且提供很多的流媒体内容,它们迟早也会从电视广告那里抢到很多的市场份额。

最后一个趋势是产业的整合。中国的互联网、新媒体产业,应该说是行业整合的温床,无论是新浪、盛大以及分众传媒,都通过收购来增加它们的市场份额和核心竞争力。最典型的例子当然是分众传媒,这个公司只有差不多六年的经营历史,但从2005—2007年,它几乎每3—4个月就收购一家公司,这个速度在中国的媒体产业中是空前的,尽管整合中也发生了问题,但其中有不少的功课和教训很有价值,值得我们学习。

第三节 创赢中国

我前面介绍了中国媒体和互联网业的一些特征和大趋势。我们也知道这个行业的竞争非常激烈，整合的速度也越来越快。无论是从我们投资的角度，还是从将来就业、创业来看，怎样找到中国媒体和互联网业的赢家都非常重要。我有一个比较简单的模式，挑选赢家要有三点，第一是商业模式要好，第二是核心竞争力要强，第三是你付出的价格应该低于你得到的价值，而商业模式则是重中之重。

选择商业模式就好比房地产当中的选址，在房地产行业中，三个最关键的要素是地点，地点，地点（location, location, location），你选对了地方，哪怕房子质量比较差，还是可以卖出去，因为地点为王。

中国为什么有很多公司也许永远上不了市，或者上了市以后，日子还会非常艰难，就是因为它们在商业模式的设计上有偏差。我参观过很多公司，很遗憾，其中不少一生下来就是苦孩子，为什么呢？因为它们的商业模式没有设计好。而有些公司一生下来就体质优良，属于好命的孩子，为什么呢？因为它们选的地址、商业模式都非常好。其中一部分原因是和我们风险投资行业前几年的蓬勃兴起有关，因为钱太多，好的点子有限，所以大量的年轻人在很年轻的时候就拿到不少风投的钱，在图纸还没有画好之前就匆匆开始造房，开始创业了，等他们的房子造到两楼才发现原来一楼是漏水的。所以我劝各位，如果将来有兴趣去创业的话，一定要把你那张图纸，也就是商业模式要设计好，要想明白。

那究竟什么是好的商业模式？我有一个投资金字塔，在这个金字塔的底端是以产品为中心的商业模式，举例说明就如网络游戏公司。为什么呢？因为网络游戏都有生命周期，每3—5年就需要推出新的游戏，所以你需要不断地创新，把你的产品线建设好，无论是网易还是完美时空，应该说都具有创新能力，但它们所在行业的风险性和创新的要求是相当高的。金字塔的中端是以平台为中心的公司，就像携程这样的公司——携程是中国最大的网上旅游服务供应商，它不依赖于单个产品，不依赖于单项的服务，只要中国的旅游行业还在高速成长，只要这个公司的平台在行业里是最有效的，那它就会水涨船高，所以这样的商业模式又比以产品中心的公司要好。

在金字塔的最顶端就是以社区为中心的公司，举例来说就像腾讯这样的公司。为什么呢？因为根据我的统计，腾讯差不多50%以上的内容是由用户生成的，腾讯新的用户有50%是现有的用户带来的。也就是说我们和腾讯竞争，其实不是和马化腾和他的管理团队竞争，我们是在和上亿的中国网民竞争，因为他们其实在免费为腾讯打工，为它制造内容，为它获得新的用户，这对于竞争对手而言进入的壁垒是相当高的，所以像这类公司的商业模式应该处于金字塔的最高端。

商业模式中还有什么是关键的？我觉得稀缺性非常关键。就好比你到一个人家里去，问他有没有古董，无论是唐伯虎的画还是王羲之的字，这些稀缺的古董就决定这个家里有资产，家底差不到哪里去。公司也是这样，它是不是拥有稀缺的内容、稀缺的资源、稀缺的关系，是决定这个公司竞争力的一个关键。比如说像腾讯的客户群、携程的品牌、凤凰卫视的文化、分众传媒在高端楼宇里领先的市场份额，这些都属于稀缺资源。在座各位可能多数人都看过凤凰卫视的节目——在中国50多个免费卫星频道中，凤凰卫视独树一帜，正是因为它特殊的文化，造成了这个公司的产品也有很大的差异性。

要在中国竞争激烈的新媒体行业成为赢家，除了前面讲的几点以外，很重要的一点就是品牌的建设。根据我的观察，在品牌建设上有两个层次、两个维度。

品牌建设的横向指标，是要建设知名度、美誉度还有忠诚度。知名度比较简单，在中央电视台打广告，也许第二天你的品牌大家就都知道了，多数的中国企业现在还处于这个阶段，但这是远远不够的，更重要的一点是要有美誉度。芙蓉姐姐有没有知名度？非常有知名度，那么她的美誉度怎么样？你们可以自己判断。所以知名度和美誉度有很大差别，不仅要让别人知道你的产品，而且要使他们热爱你的产品。品牌建设更重要的一点是提高忠诚度，让消费者反复购买你的产品，提高对他们的黏着度。

在品牌建设的纵轴上，最低级的是建立功能性的品牌，比如这件衣服我随便说有四个口袋，也许别人的衣服口袋没有我多，只有两个，那我就可以多插一支笔。但只要是有形有质的产品，总有对手可以做得比你更好，总有对手可以比你多几个口袋，所以这个进入门槛是很低的。更高一点的层次是建立情绪性的品牌，也就是这件衣服女孩子穿了以后会更漂亮、男孩子穿了以后会更帅，漂亮和美丽是一个非常主观的体验，所以对手要模仿你的可能性就低了一点，你就把门槛提高了。再高一个层次，就是要建设心理型的品牌。什么是心理型的品牌？举个例子，很多人特别推崇LV的包，因为我在香港待的时间久，有很多香港的女孩子愿意过得很节省，花几个月的积蓄去买一个LV的包，我想内地不少年轻朋友也会这样做。应该说很大程度上你买LV的包，买的不仅是一个产品，不仅是因为这个包做得确实好、确实漂亮，更重要的一点是解决了一些心理需要，当女孩子拿了这个包以后，在一群人当中很容易就脱颖而出，这和男孩子买摩托车一样，在美国开哈雷摩托车也是解决了一个心理需要，因为男人们要做现代骑士。所以我觉得品牌的建设，除了功能性和情绪性外，更重要的是要满足消费者的心理需要，这个品牌将来才会深入人心。最后，品牌建设中最了不起的当然是偶像级的品牌，比如说可口可乐，它曾经在二战时一度成为美国自由精神的象征，所以消费者对它的忠诚度应该说在世界上都很难再找到。可口可乐公司一度曾想改变它的配方，但无论把它的味道变得多么好，只要一改销量就立刻下来，这个品牌在消费者的心目中毫无疑问已经到了偶像级的水平。应该说中国本地公司的品牌建设，多数还仅限于建设功能性和知名度这样一个水平。我希望在座的各位，将来能够有机会为中国建设伟大的、偶像级的品牌，拥有非常高的忠诚度。

《孙子兵法》里面讲，打仗胜利有五个要素，也就是道、天、地、将、法，其中天和地是指天时和地利。如果你要成为中国新媒体这个行业的赢家，要特别抓住天时和地利。

首先是地利。举例说明，中国沿海地区尽管只有中国1/4的人口，但集中了中国60%的互联网网民，所以做互联网业务肯定要从沿海地区开始。而且有趣的是，中国的广告收入50%来自于前四大城市，也就是京沪穗深，所以你要从事广告业务，要先专注于这四个城市。但如果你想做网络游戏，可能先要去农村，因为中国80%的网络游戏玩家差不多都在非一线城市，在二线城市或者农村地区，所以从事网络广告和网络游戏要选择不同的地区。我觉得北京是天子脚下，是一个文化内容的中心，所以要做内容产业的话最好来北京。我有一个观察，中国明、清两代都建都北京，每三年有一次科举考试，把各地最优秀的人才都留在了北京，这是其他任何城市在短期内都改变不了的。所以内容产业的领袖像中央电视台、新浪、搜狐都产生在北京是有一定原因的。如果要做服务业我觉得上海倒是不错的选择，因为上海是一个"小资城市"，"小资"是什么意思呢？就是说特别注重生活质量和生活品位，上海的公司做服务非常注重细节，这就是为什么像携程、分众传媒这类服务型公司会在上海诞生。如果要做中小企业、网上商务，我建议你去长江三角洲和珠江三角洲。为什么呢？因为长三角和珠三角这两个地区集中了中国60%—70%的中小企业。所以说像《孙子兵法》里说的，道、天、地、将、法，即使在互联网行业里，地利还是非常重要的。

再讲一下天时。做事都是有时的，中国每年的第一个季度，一般都是网络广告和网上旅游服务的淡季。为什么呢？因为过春节了，广告商要休息，广告的中介也要休息，另外中国的网上旅游服务70%都来自商务旅行，到了春节，大家都去过年了。春节以后一般是网上招聘的旺季，因为很多公司过年以后都拿到了新的预算，就开始招人。第三个季度一般是网络游戏的旺季，因为放暑假了，年轻人有更多的时间来玩游戏。希望大家将来无论是创业还是投身到互联网公司中去，在商业模式、核心竞争力还有天时、地利上都能做得很好。

最后我想谈一下展望。中国互联网产业从2003年开始，来了第二波高潮，在短短不到五年的时间里，整个中国互联网和新媒体上市公司的市值从50亿美元增加到大约800个亿,在短短五年时间里面增加了十多倍,这个增长应该说是惊人的。中国的互联网和媒体产业是一份沃土,一个希望的田野,很有可能在这个行业里会产生世界级的伟大公司。为什么这样说呢?

因为中国的电视观众、手机用户和网民数量已经全世界第一,而中国的人均媒体消费和广告支出不到美国的5%,将来的上升空间是巨大的。在过去改革开放的30年里,大部分人赚钱是在衣食住行方面,解决的是大家基本的生活需求。在今后的30年,随着大家的温饱问题逐步得到解决,更多的需要开始向娱乐、媒体和休闲这些方面走。只要中国十亿消费者有需求,我觉得互联网和媒体产业将来的希望就是巨大的。所以我希望能和各位一起,在这个希望的田野上,现在一起辛勤耕种,将来一起收割。

案 例 解 析

媒体商业模式创新

我以前发表过一篇文章,讲到怎样修改你的商业模式。很多的企业家在开始创业后发现他们造到两楼的时候,一楼漏水,那么怎样来修补他们的商业模式呢?根据我的观察差不多有八种办法,但总结起来主要有两点:一是往上走,一是往右走。所谓往上走就是把你的商业模式从以产品为中心变成以平台为中心,最后升级成为以社区为中心。那么另外一点就是要往右走,也就是让你拥有越来越多稀缺的资源。

我希望各位管理自己的职业就像管理一个公司一样。因为我们每个人其实都在创业,所以很重要的一点是你们每个人都应该有商业模式,每个人都有核心竞争力,所以你也想一想,你自己的这个商业模式究竟有什么稀缺的地方,有什么差异化?我希望在这方面能给大家带来一定的启发。

究竟怎么向上走?一个例子就是盛大。盛大把它的网络游戏变成免费的,免费以后它就不单是一个产品公司了,因为人人都可以免费来玩它的游戏，它就变成了一个公园，变成了一个平台化的公司，用户的流失量比以前少了很多，一定程度上也把它的商业模式升级了。另外一个例子我想很多人看到过，就是新浪的名人博客，据我统计，其中徐静蕾的博客不仅是中国而且也是世界上点击量最高的一个个人博客。但正因为这些名人博客的推出，把新浪从原来的一个新闻门户网站、一个平台型的公司升级到了一个社区型的公司。因为这些名人会产生名人效应，带来很多粉丝，有粉丝的地方就会有冲动消费，有他们的地方用户的黏着度就会非常高。

那么向上走到底有什么好处？举个例子，新浪自推出了名人博客后，它的流量、广告额都在增加。在推出这个名人博客，也就是升级之前，它和搜狐之间的广告收入差距曾经一度缩小到只有10%，但在2008年却扩大到接近50%，一定程度上是因为名人博客带来很多的眼球，带来很多消费者，这对广告商也是一个巨大的吸引。

另外，要提升你的商业模式，很重要的一点是要向右走，也就是提高你公司的稀缺度，增加你拥有的稀缺资源。举例说明，完美时空这个网络游戏公司特别会抓住中国的文化热点，比如说《武林外传》，曾经是几年前最火的电视剧之一，完美时空把它改编成了很受欢迎的网游，另外它推出的游戏《诛仙》，也是来自于前两年最火的网上小说。这个公司因为抓住了这些文化热点和稀缺资源，很快就使得它的网络游戏变得非常受欢迎。再比如搜狐获得了2008年奥运会独家官方网站的经营权，正因为拥有这样的稀缺资源，搜狐在奥运前把广告的价格提高了大约30%—40%。再举两个例子，携程它拥有什么样的资源呢？就是酒店保证房。因为每个酒店多的话会有几十间保证房，少一点儿的仅有几间。也就是说无论在淡季还是旺季，这个酒店里总有一些房间，会留给携程。但这种保证房因为供应非常有限，尤其在旺季就变成了稀缺资源。携程正是因为不断增加这方面的稀缺资源，使它的市场领先地位不停地增加。分众传媒在2005年收购了聚众，一下子把行业的第二名并了进来，使它在高端楼宇广告的市场份额超过了95%，应该说这也是稀缺资源的整合。

向右走究竟带来一些什么样的好处？举例说明，正是因为携程拥有稀缺的资源，使得它在网上旅游行业的领先地位越来越巩固。到2007年为止，它在网上旅游服务的市场份额，比第二名的易龙要多出三倍。它卖出的房间要比易龙多两倍，卖出的机票要比易龙多八倍。更有意思的是，每一个员工，携程要比易龙多出40%的营业额，少30%的成本。我们挑一个公司，首先是挑商业模式，也就是造房子的地方要选好，如果大家做同样的商业模式，接下来就看核心竞争力，也就是在相同地点造房子用什么样不同的材料，携程和易龙商业模式相同，它们之间的差距，主要是由核心竞争力的不同造成的。

● 师　生　互　动 ●

- **问**：国内的媒体产业受国家政策的控制比较严，在这方面我有两个问题。第一，您刚才说到的电视行业的发展，从数字电视到IPTV到现在手机电视有滞后的情况，那么您对以后政府监管部门的发展和协调分工是怎么看的？第二，因为这个行业受到的监管比较多，而新媒体发展又比较迅速，那么国家对于这些新媒体的发展，会不会有一些监控措施呢？比如在校园这种净土，不太适合有太多广告。我不知道您对新媒体的监管是怎么看的？
- **答**：谢谢，很好的问题。你的第一个问题，就是关于信产部和广电总局如何协调，也许只有温总可以很好地解答，我想十七大刚刚开完，新的政策正在酝酿当中。我能够说的是在这个时候，从一个企业的角度来讲我们应该怎么看。因为政策的改变，是任何一个企业都无法左右的，但很重要的一点是，作为一个企业，但凡拥有稀缺资源，无论是稀缺的内容、稀缺的服务、稀缺的客户群，你在任何一个监管环境、政策环境之下都可能胜出。举一个例子，就像有一家叫天盛的公司，最近它把英超足球在中国的独家转播权全部拿下了，我觉得这是稀缺的内容，因为对球迷来讲有很大吸引力。这样的稀缺资源，我觉得对企业来讲是很重要的。第二点讲到校园，这方面你说得很对，我觉得那应该是一块净土。但是不是完全没有广告？这个我有一点保留。我觉得只要是适合的产品，对学生能有增值的产品，无论是联想的电脑还是各类书籍，我觉得应该有适当的广告，能够有针对性地、选择性地投放。讲到中国政府对校园新媒体会不会有什么监管？我们的政策，尤其在新的行业里，往往会滞后于行业的发展，也就是行业先发展，往往到问题产生了以后，才会制定相应的政策。应该说政府在这方面也越来越积极，但对企业而言，运营的时候一定要小心，一定不要过线，要有风险意识，这一点在创业阶段是很重要的。

- 问：季老师，您好！您刚才谈到，中国的媒体市场无论是容量还是未来的发展都有很大的增长空间。但中国互联网和新媒体的发展面临一些什么样的困难和挑战？能否也请你讲一讲。

- 答：你问的这个问题非常好。我前面也提到一个数据，目前中国注册的互联网公司有200万家，到目前为止上市的有30家，差不多1/3还在上市股价以下。这说明什么呢？这个行业里有好多公司可能永远上不了市，即使上市以后，它们的表现还是不尽如人意。其中一部分的困难来自于政策监管，就像很多手机增值业务的供应商前几年受到中国移动的政策调控，这些调控应该说非常有力度，让很多业务一下子都很难进行了，这些都是没办法预计的，所以有政策不确定性的风险。第二个是竞争的不确定性。无论是盛大和网易在游戏行业的竞争，新浪和搜狐在广告行业的竞争，都是很激烈的，很重要的一点是你的竞争对手和你之间的距离是不是在缩短，这也造成了一些不确定性。第三，如果你拥有的是一个产品公司，比如说游戏公司，还存在一个产品的不确定性。每3—5年，即使你现在这个产品非常"火爆"，还是需要更新产品，所以有一个产品周期的风险。尽管我们面临这样一些挑战，但如果你能找到一个好的商业模式，把最好的团队放进去，我相信这些风险都是可以应对的。

- 问：首先谢谢您今天晚上的精彩演讲。我想了解一下关于网游的竞争，比如说盛大和网易，网易游戏多是自己开发的，而盛大则主要代理国外那些比较好的游戏。从长期战略来看，是不是自主研发比代理国外的品牌会好一些呢？

- 答：网络游戏的运营，通过租赁国外游戏的模式我们把它称为"药店"的模式——你开一个药店，然后把别人的药拿进来卖；另外一种是称为"药厂"的模式，也就是网易的模式——自己开发新药，然后自己来卖。那么"药店"的模式和"药厂"的模式究竟哪一个好，关键要看你手里拿到什么样的药。有些药厂产不出好药，是因为游戏开发能力不够；而对药店来讲，很重要的是能不能拿到好的产品，是你市场运营的能力有多强，谈判的能力有多强。所以，评估游戏公司，除了商业模式外，很重要的一点是看它的核心竞争力，也就是它在开发"新药"、获得新游戏上，是否有领先地位，它的游戏推广能力和品牌建设能力究竟怎么样，在产品和营销上能否持续创新。

- 问：季博士，刚才您在演讲中多次提到携程，讲到它有很强的竞争力，而这些竞争力主要来自于它的商业模式和资源的稀缺性，您举了一些例子说明它的稀缺性，除此以外，您认为一个优秀的公司还需要什么要素？

- 答：除了前面讲到的稀缺性，我看一个公司还会注重它有没有网络效应，什么是网络效应？很简单，就像淘宝，它的买家越多，吸引的卖家也越多，这样就形成了一个滚雪球效应。一个公司一旦有了雪球效应的话，对手就挡也挡不住了。携程的服务已经形成了良性的正反馈，正是因为它的客户资源最多，酒店就要来找它；也正是因为它拿到酒店的保证房，客户也越来越多愿意找它，因为一旦到了旅游旺季，很多时候你在别的竞争对手那里订不到酒店，而找携程多数能订到，而且它的服务质量又好，这样就形成一个正向的反馈，带来大量的回头客。一旦一个公司有雪球效应，有正向的反馈，这个公司的市场规模就会越滚越大。这不全是管理层在那里用力气，而是你的客户群，你产业链的上下游在帮你使力，帮助你扩大市场份额。

- 问：我来自中信传媒，关于数字电视主要是付费电视，不知您有没有一个区别于传统电视的广告模式和固定付费模式的更好的商业模式？数字电视新媒体中有没有更好的增值业务？

- 答：我觉得整个数字电视行业今后几年的营业额会翻倍，是整个中国消费品市场中成长最高的。但这个成长一共有三波浪潮，第一波浪潮受益的是硬件和仪器供应商，像机顶盒供应商和数字智能卡的供应商，因为它们先要铺路，所以会是第一波受益者。第二波受益的是内容供应商，但可能需要两三年或更久一点时间，为什么呢？因为你一定要积累到一定的用户群，当市场达到了10%—20%的渗透率以后，你才可以卖你的内容。第三波我感觉也许再久一点，可能是三五年以后了，才会轮到增值服务的供应商，到了那个时候，也许"超女"不需要用手机来选了，像我们父母那一辈，也许他们不习惯用手机来投票，但他们都会用电视，可以直接在数字电视上用互动的办法来选"超女"了。强调一点，我没有水晶球，三年以后的发展很难确切地给你一个蓝图，但因为我是读理科出身的，思考偏理性，因此常常会低估人民群众的热情，也许三五年以后的发展速度会远远超过我们的想象。

- 问：我的问题也是和数字电视有关，因为目前国内外投行一直看好中国数字电视的发展。我感觉西方在电视数字化方面的成功有两个原因，第一是它在内容上有一定的控制权，很多用户愿意付费在电视上看内容；第二是有互动性，这样会驱动更多应用的发展。但相对于国外，中国对内容的控制力是比较弱的，在中国你很轻易就可以得到免费的内容。像数字电视这种盈利模式,在中国是不是很难实现,特别是在IPTV已经成为技术上的现实的情况下。能否请你谈谈这方面的想法?

- **答:** 这个问题非常好。我觉得要评估一个业务的好坏,首先要看客户喜欢不喜欢这服务,也就是客户、消费者喜欢在电视上看体育比赛还是喜欢在电脑前看比赛,我觉得观众的消费习惯估计以后也很难改变,他们多数还是愿意在电视机前看比赛。前面有个朋友也提到了一个现象,就是在中国的广电总局和信产部之间,确实存在一定的壁垒。广电总局管的是内容,而信产部管的是网络,包括IPTV,IPTV能否成功很大程度上取决于IPTV供应商能不能拿到真正好的电视内容。就广电总局而言,它下面有上千家有线电视运营商,而中国的电信运营商只有三家,中国电信、中国移动和中国联通,个个都是又肥又大,那为什么我要把我最好的内容先给他们?我先要把中国千百家有线电视公司照顾好了,才能照顾这些已经很强大的电信运营商。所以我觉得IPTV在内容上是劣势的,它目前拿到的多是免费的互联网的内容,但真正要做到IPTV,关键还在于能否获得优质的电视内容。第二讲到稀缺的内容,我觉得体育内容将来会越来越稀缺。无论是NBA,因为有了姚明和易建联,还是英超,我不知道我们中国哪一年会出一个在英超踢球的超级球星,这些都是大家很喜欢的内容。毫无疑问,世界上的观众,包括我在内,对体育产品的热爱往往是狂热的。无论本地球队表现多么差,你会永远只支持它们,像中国队和巴西队踢球,巴西队尽管比我们踢得好得多,我们支持的还是中国队。在其他任何行业里,如果产品差一点观众早就走了,但在体育这个行业里,冲动消费的成分太大了。所以我觉得数字电视这种盈利模式要吸引观众,一定要抓稀缺的内容,像体育内容,而且签的约最好是排他的,那么这些内容就真正成了你手里的稀缺资源。

- 问：很高兴今天能听季总的报告，我有两个问题。第一，您怎么看3G时代无线增值业务公司（SP公司）有没有翻身的机会？第二个问题是，中国在海外上市的广告类公司的市盈率很高，而网游公司的市盈率就偏低，可否请您分享一下您是如何来对公司进行估值的？

- 答：SP公司的好日子会不会来？我的答案是肯定的。因为中国有近七亿的手机用户，市场巨大。尽管在过去几年里中国移动做了一系列的政策调整，但最终的结果是消费者对手机增值服务，如手机短信、手机拍照、下载铃声，用得越来越多、越来越普遍了。现在手机最大的一个瓶颈就是没有办法像互联网上那样形成一个大的社区，因为带宽不够。但3G来了以后，随着带宽的增加，这个问题会逐步地解决，手机游戏以及手机上网都会更加普及。另外，手机上会有越来越丰富的多媒体的内容，也许姚明投进了一个很精彩的球，或者是中国足球队终于有了一个超级明星踢进了一个球，我们愿意看一下那些短片，花个一块钱、几块钱的人民币，我觉得是可以接受的。所以多媒体的内容、社区化的内容，在3G年代一定会起来。另外一个问题你讲到怎么对公司进行市场估值，一般我的估值有三种方式，一个是短期的、一个是中期的、一个是长期的。短期的话当然是看市盈率，但是市盈率有一个很大的缺点，因为它看的只是当前12个月，给你的是一个短期的目标，所以当你说一个公司是30倍的市盈率和一个公司是10倍的市盈率，哪个公司更加便宜？不见得这个30倍就是比你10倍的来得贵。关键是什么呢？要看公司的中期成长，要比较它的市盈率和它今后三年盈利的有机成长。如果一个公司每年可以成长100%，它的市盈率是30倍，也许比一个只有10倍的市盈率，但没成长的公司要来得更加便宜，这就是第二个中期估值的方式。更高的层次，是要估算这个公司长期的折算现金流（discount cash flow，DCF），也就是它的内在价值。我本人是巴菲特的一个大"粉丝"，有关巴菲特所有的书我几乎都读过，他是一个价值投资者。我觉得在高速成长的行业当中,价值投资还是非常重要的,一定要对这个公司的长远前景以及它长期的现金流,有一个比较好的认识,只有在股价远低于公司的内在价值时也就是有"安全边际"时买入,才会有好的长期回报。所以,我们对一个公司的价值会有短期、中期、长期三种综合评估。

- 问:有两个问题。您认为中国的互联网公司,在技术创新和商业创新这两方面,应该怎么平衡,这是第一个问题。第二个问题,就您个人来看,互联网下一个十万亿的市场会在什么地方?

- 答:第一个问题你问的是技术创新和商业模式的创新,哪一个重要?我想推荐大家读一本书——刚才我和姜老师也有分享,就是《怎么样对付达尔文》(*How to Deal With Darwin*)。这本书讲的是一个企业在成长的不同阶段,从刚开始的高速成长期,到成熟期一直到下降的"夕阳"期,应该如何创新。这本书提出了一些惊人的结论,它提到不同阶段你需要的创新是不同的,如果你用错了创新,不仅不能帮助你,反而会害了你的企业。比如说,一个公司处于高速成长的阶段,你要的是什么?是产品的创新和技术的创新,你要的不是商业模式的创新,因为这个行业已经在高速成长了,每年都是翻倍的,你何必去创造一个新的商业模式?但是当一个行业到了"瓶颈"阶段,你光有技术创新是不够的,你要的是什么?是商业模式的创新。那么在一个行业下滑的阶段,要的是什么创新呢?是成本的创新,也就是如何更好地控制成本。最典型的例子我想姜老师肯定也教过各位,就是沃尔玛,我称它为成本领袖,它的利润率5%都不到。我去看过这家公司,里面电灯怎么放置都非常有讲究,因为它在全世界有上万个店,如果每个店每天能为你省几度电的话,每年省下来的成本不得了。在零售业这个所谓的夕阳产业里,沃尔玛还是可以成为赢家,关键是它用对了创新。第二个问题你问的是下个十万亿的机会在哪里?我觉得中国的机会都很大,无论是你说的电子商务，还是中国的互动电视和3G移动增值服务，这些行业都会有巨大的成长空间，关键还是你投身的公司或者你创造的那家公司在这些行业里占什么位置，它有没有核心的、稀缺的资源，有没有差异化，有没有"蓝海"的商业模式。

- **问**：我来自传统媒体，我想问一下，对我们平面媒体，如平面都市报这一块，您有没有什么高见？因为这两年我们的广告份额被新媒体挤压得很厉害。

- **答**：我首先要说的是，有一点你可以放心，报纸永远不会被互联网完全取代，因为讲到底还是消费习惯的问题。手里有一份报纸和手里有一台电脑，使用的感觉完全不同。

  在一些发达的市场，互联网这些新媒体也在不停地抢占传统报纸的市场份额；但只要看看世界上成功的报业集团，包括《纽约时报》、《华盛顿邮报》，也还是相当成功。关键是什么呢？传统媒体和互联网的竞争，好像是大象和狼的战争，在速度上互联网永远要快过传统媒体，因为互联网上每分钟都可以出新闻。这样说的话，那我们要拼什么？拼深度。为什么《华尔街日报》有那么多忠诚的观众，即使有了互联网，每天还有很多人手里有一份《华尔街日报》？很重要的原因是它高质量的编辑人员已经成为这个行业的"意见领袖"，他们分析的深度在互联网上很难看到。所以我觉得将来的记者、编辑人员的整体质量，会越来越向着深度的方向发展。大家看过的《世界是平的》这本书，是《纽约时报》的记者写的，这样高质量的内容，我相信互联网上找个写手真的是不容易做到的。说到底，对传统媒体而言，它们有没有一些稀缺的，在行业中属于意见领袖级的编辑写作人员，有没有一些稀缺的内容，这个我觉得是制胜的关键。

- **问**：WEB2.0的一个特色是它的结构是分散的和海量的，那我们怎样把网民创作的WEB2.0的内容和您所说的稀缺化和精英化的内容相结合呢？

- 答：我前一段专门花了很多时间研究长尾和短尾的内容，所谓 WEB2.0 我们讲得简单一点，就是一个长尾，也就是你的网站上有几千万用户，每个人都在上面发帖子，大家都讲姚明，这就成了长尾，总有个别人会写出一些非常精彩的段子来，这就变成你的稀缺内容。长尾有一个特征就是海量，但整个来讲质量不高，只有长尾巴的头端上有一些好的内容。

  另外一方面，传统媒体多数属于短尾。短尾有什么特征呢？它的内容质量普遍来说比较高，但是量不够。每天一个编辑人员写得再辛苦，24小时了不得就写几篇文章。所以我觉得长尾和短尾最好是结合在一起，新浪在这方面创造了一个新的模式，它用名人博客的方法，吸引了很多"粉丝"来写徐静蕾、很多人来写姚明，而写的人当中，总有一些会写得比较好。所以从这些长尾的内容里，你会找到一些比较好的内容。同时，因为名人都有一个特征，都非常爱惜自己的羽毛，自己不会乱写，所以他们在一定程度上就成了你的编辑人员，会每天把自己的形象维护得好好的。所以名人博客有一个好处，过了一段时间以后，这些内容就为品牌广告商提供了一个很好的、有针对性的广告平台，因为如果你让徐静蕾来做广告和让姚明来做广告，他们针对的观众肯定是不同的。

- 问：您好！您提到在商业模式当中，金字塔顶端的是以社区为中心的模式。这种模式是终端对终端的，在这种模式下是否会让知识产权的控制变得更为困难？请问您对知识产权在互联网发展过程中有什么看法？

- 答：我觉得中国有几件事情很难更差了，第一是中国足球队的表现，二十多年来在世界杯都没有踢进过一个球，估计也差不到哪里去了；第二，中国的知识产权，当你花不到十块钱就可以在街上买到一个好莱坞大片的 DVD，相信比这个再差也很难了。低于这个价格，连摊上的小贩都要破产了，他没办法做这个生意了，所以我觉得我们已经触底了，我是很有信心知识产权这个行业一定会反弹的。而且还有一点是明星们的价值越来越得到体现，无论是一些大牌导演的电影，还是一些大牌明星们推出的歌曲在知识产权方面的保护程度，现在确实比前几年越来越严格，这一点我想你们肯定也体会到了。

你的第二个问题提到 P2P 的模式，就是终端对终端。对多数公司而言，P2P 的模式其实不是用来产生知识产权的，而主要是用来获得客户和留住客户的渠道。为什么呢？当你的客户之间有横向交流的时候，用户的黏着度就会大大提高。因为你一旦离开了腾讯 QQ 这个网络社区，你的朋友过几天就会找你，说很久没有看到你在线了，你究竟去哪了，对不对？这样就会增加黏着度。其实一个企业最关键的一点，是一定要留得住客户，也一定要能不断地获得新客户。所以在金字塔顶端的社区模式，促进了用户之间的交流，很大程度上解决了获得客户和留住客户的问题。由 P2P 模式产生的内容，对知识产权的保护来讲确实会有一定的问题，但是你在原材料的基础上可以加工，也就是说在用户生成的海量的内容里，有一部分是优秀的内容，你可以把这些内容拿到手里，把它们深加工成将来有知识产权保护的内容。

第五讲

移动通信：价值链和企业创新

王建宙
中国移动通信集团公司总裁

软实力其实就是一种影响力。要打造真正具有国际竞争力的公司，仅仅有硬实力是不够的，软实力是绝对不可缺少的一部分，也是我们相对比较弱的一部分。

第五讲 移动通信：价值链和企业创新

我之前看了一下光华管理学院本系列课程的讲座者名单，看到有那么多优秀的人士在这里演讲过，有学者、有创业者、有明星，都是各方面的优秀人才。作为一个在大型企业工作几十年的职业经理人，在这里很高兴和大家探讨大型企业的问题。我先从移动通信的发展讲起，再讲一讲我所理解的移动通信的价值链和数字生态系统，最后，围绕移动通信的发展讲讲创新及创新人才对企业的推动作用。

第一节 创新与移动通信

中国移动通信的发展得益于不断的创新，是创新让中国移动走向世界，下面先介绍几个数字：截至 2008 年 3 月，中国移动通信的用户数已经达到 3.92 亿户，基站数超过 30 万个，网络覆盖了全国 97% 的人口；每天，中国移动的用户要发送短信 13 亿条，2008 年春节，仅除夕一天，中国移动的用户发送短信的数量就达到了 80 亿条。

中国移动近期的市值在全球电信行业排名第一位，在全球所有企业的排名也在前 10 位。英国《金融时报》评测我们公司的品牌价值是第五位，品牌价值是412亿美元,前面是Google、GE、微软、可口可乐,我们是第五位,也是电信行业的第一位和美国以外公司的第一位。中国移动还是《财富》500强2006年的202位。

个人感觉,中国移动在不知不觉中成为规模巨大并在世界具有影响力的企业,去年,在达沃斯见到一位著名的投资银行的行长,他见到我的第一句话就是:"你们的用户超过美国人口了啊。"不知不觉中影响力已经在世界上扩展。

今天大家看到这些数字觉得很正常,因为我们国家人口多,规模大,这么多用户这么大市值是可以理解的,但回过头看看历史,会发现我们有多么大的变化。1882年,丹麦的一家叫大北电话局的公司,在上海建立了第一个电话局。100年以后到1982年,我国内地的电话用户总数才234万户。花了100年的时间才累计234万户,今天中国移动一个月的新增用户是700多万户。所以数量的变化,不仅是行业的变化,也是国家经济的变化。当然,技术的更新也发挥了很大的作用。科学家弗里曼·戴森(Freeman Dyson)有一句话,他说技术革命就像是一种爆炸,它撕裂了我们祖先留给我们的一个静止的世界,取而代之的是一个转速加快了1 000倍的地球。我觉得这段话很震撼也很真实。从移动通信发展的角度来说,地球的转速加快了1 000倍,一点都不过分,这是我们亲身经历的。

除了用户规模外,我们通过不断提高网络质量来提升竞争力。

大概两年前,有一位美国《华尔街日报》的记者采访我,他提到了一个问题:有一件使初到中国的美国人很惊讶的事情,为什么移动电话的网络质量比美国还好,我说理由很简单,我给你一个数字你就知道,中国移动在全国各地有24万个基站(目前已超过30万个基站),覆盖了97%的人口,甚至覆盖了大楼内的电梯楼梯和地下室。他马上反问我一个问题:"那你知道美国的基站有多少?"我说,我不知道美国有多少基站,我在美国的报纸上看到广告,2006年的时候,美国最大的移动电话公司在上面刊登广告,我看到一个广告说他们是美国最好的移动电话服务商,因为他们说有4.7万个基站。看到数字,我们就不用多说了。

创新带动产业链发展,使得中国移动在国际上的影响力不断扩大。先说资本市场,中国移动在1997年上市,现在是香港恒生指数最大的两家公司之一,另一家是汇丰银行。香港的报纸每天都会有一篇文章,以汇丰银行和中国移动的股价变化来预测当天恒生指数的变化,"带动大市指数的火车头"是香港媒体给中国移动在香港资本市场的比喻。这个作用既可能是向上的,也可能是向下的,中国移动的股价发生变化就会给恒生指数带来变化。

此外,公司的影响力也给我们对外的拓展带来了正面的作用,你要拓展就要有很好的影响力。我们去年向默多克收购凤凰卫视19.9%的股份。收购是顺应电信和媒体融合的趋势,本来收购是一件很艰难的事情,但是没想到默多克很痛快地就答应了,去年5月见到默多克的时候再谈起此事,他觉得是个双赢的选择。中国移动入股了电视传媒,而新闻集团和中国移动建立了全面合作的战略关系,这是一个对大家都好的事情。

2007年年初,收购了巴基斯坦的移动运营商巴科泰尔(Paktel)公司。收购这个公司也受到了巴基斯坦各个方面的欢迎,他们觉得世界最大的移动电话运营商到巴基斯坦是个好事,我们的CEO见了当地许多人士,他走遍了各个城市拜会当地官员和商会人士,最让他感动的是到了卡拉奇,当地商会举行了一个盛大的欢迎仪式,商会会长说:"我们欢迎中国移动的收购,中国移动是世界最大的移动通信公司,我们不知道你们会做什么,但我们都会支持你们。"我们的CEO听了非常感动,我也很感动,这就是国家的影响力,这就是公司的影响力。

第二节　创新中的价值链与商业模式

首先，我要简要介绍的是手机化（Cellphone-ization）和数字生态系统问题。三年前，世界经济论坛的创始人和执行主席克劳斯·施瓦布教授在伦敦有个讲话，这个讲话后来被称为 2007 年达沃斯会议的主题，他在讲话中谈了大量信息化的问题，其中有一段是这样说的："现在的社会已经在过去的农业社会和工业社会上发生了巨大的变化，而信息和创新是这种变革的基础，今天到处都充满了知识，互联网引起了知识的革命，我们称其为谷歌化（Google-lization），人们可以在任何时间、任何地点与人联系沟通。"在参加 2007 年的达沃斯会议时，他们的一个工作人员来北京，于是我就对这个工作人员说："听了施瓦布教授的讲话，觉得他讲得很好，但是我认为有一点需要补充一下，他讲了要实现人与人之间任何时间、任何地点的沟通，手机的作用是不可忽略的，而不光是互联网，手机是人的耳朵和嘴巴，手机成了人的必需。相对于有手机的人来说，没有手机的人就缺少了一大部分的功能，所以从这个角度来说，真正要达到教授所说的任何人任何时间地点的沟通，就必须实现'手机化'。"这个工作人员回去就同施瓦布教授说了，后来很快就接到施瓦布教授的回信，他说很高兴看到我对他发言的评论，他说我今后在说"谷歌化"的时候，一定要再加上一个"手机化"。后来在达沃斯再次碰到他，他也就马上聊起了这个话题。

手机化的第一个含义："无所不在"。"手机化"其实也是数字生态系统当中一个很重要的内容，不是一个简单的通信工具，而是数字生态系统的组成部分。我们提出的目标是建立让任何人在任何时间和地点联系的无处不在的数字生态系统。创建一个开放、安全、无处不在的无缝网络覆盖，实际上这个时代已经到来。

（1）喜马拉雅山上的移动基站

2007年5月23日，英国《泰晤士报》上有篇文章，后来，我在《参考消息》上也看到了，并兴奋地马上抄下来。"不管你是爱它还是恨它，手机在现代生活中已经无处不在，即使是在世界最高峰也逃不掉。星期一的早晨，36岁的罗德巴伯在登上海拔8 848米的世界最高峰珠穆朗玛峰以后，用手机打了一个电话：'嗨，我是罗德，今天是5月21号，我在世界最高峰向大家问好。'"报纸又说，罗德之所以能打通电话，是因为中国移动在珠峰的探险队大本营架设了基站。

因为我们在进行奥运火炬的接力演习，刚好要通过珠峰，中国移动是奥运会的合作伙伴，于是我们配合在海拔5 000多米的大本营建立了一个移动基站，有中继，有发电，有基站发射，我们是为奥运的预演来用的。用的过程中发现，现在珠峰有很多人在攀登，他们无意中发现有手机信号可以讲话了，于是就一边登山一边打电话很兴奋。预演结束后，想把信号车开回基地，可是如果把车开走了，他们就不能打电话了，也给他们带来很多的不便，后来我们就决定先把那辆车留在那里，让他们先能够使用。后来报纸出来了，经过会议研究，就在那建了固定基站。现在的珠峰大本营和主峰都能打电话。

"世界最高峰出现了移动通信方式，标志着不断扩展的全球无线通信网的又一个里程碑，虽然有人会哀叹地球上最伟大的自然景观之一被手机入侵，但很多登山者无疑会为此欢呼雀跃，因为他很可能成为登山者的救命的工具，相信登山者会高兴多了一个救命的工具。"这段话，我觉得说得非常的现实，手机确实在改变人们的生活和生产方式。

（2）全国所有行政村的移动覆盖

2006年2月，全球移动通信大会首次从法国的戛纳移到西班牙的巴塞罗那举行。我与几位中国移动的同事一起参加了开幕大会。在GSMA的CEO罗伯特·康威先生作了主题演讲以后，再由GSMA的主席克雷格·埃里克主持了论坛,在台上的嘉宾包括沃达丰的 CEO 阿隆·萨林、西班牙电信移动通信的 CEO 安东尼奥·维亚纳·巴普蒂斯塔和我本人。讨论之前,每人可做几分钟的陈述,我问克雷格,是否可以用电脑放投影,他说可以。于是我打开事先准备好的电脑,做了中国移动的业务经营情况的介绍,讲到我们在最偏僻的农村建设移动通信网络时,我放了一段视频。视频记录了中国移动的施工人员在四川省山区的崇山峻岭中艰苦施工的场景。施工的场面不仅艰苦,施工的方法还有一点原始。可以看到施工人员在没有道路、没有交通工具的情况下,用自己的肩和手把巨大的铁塔架和光缆盘一步一步艰难地扛到大山的顶峰。我事前非常犹豫,要不要放映这段视频,因为人们很难把先进的通信设备与这种施工方式联系在一起。视频放映完毕,全场一片寂静,几秒钟后,突然爆发出非常热烈的掌声。掌声使我的担心变得多余。

(3) 移动通信改变农民生活

2007 年 7 月,美国《财富》杂志高级记者 Clay Chandler 来中国移动采访。我向他介绍了公司的发展状况后,他问我:"如果我们要去中国移动的工作现场参观,你的第一推荐是什么?""农村通信!"我毫不犹豫地回答。

Chandler 先生和他的同事在中国移动云南公司工作人员的陪同下,前往云南山区农村参观和采访。在此引用 Chandler 先生采访后发表在《财富》杂志上的报道的片断,从中可以看出在他的眼中,网络给山区农民带来的变化。

达拉位于一个人口稀少的县城中心附近。十多年前,为了吸引游客,这个县改名为香格里拉。深蓝色的天空,崎岖的地形,毗邻西藏,这一切都能唤起人们的想象——詹姆斯·希尔顿 1933 年的小说《消失的地平线》里描述的隐没的天堂。如今,这里一眼望去,基站天线星星点点,即使在香格里拉,也没有什么地方中国移动的潜在客户会收不到信号。

我在河北省怀来县的一个村里,见过一个用大棚种植黄瓜的农民。看他拿着一部手机,问他手机对于他有什么用处。他当场用手机查询了当天北京、天津和石家庄各农产品市场的黄瓜的价格,并告诉我,以前,在没有条件获得蔬菜的市场行情的时候，即便在怀来这个距上述大城市只有几百公里远的地方，黄瓜的收购价格也几乎完全是由中间商人决定的，菜农们没有什么讨价还价的余地，他们一直迫切地希望能够随时了解外地蔬菜市场的行情。

而印象最深的是一次冬天去湖南郴州一个偏僻农村的经历。这个村的村民以前从来没有使用过电话，因为这里从来没有电话网络覆盖，我们去的前几周，村里刚开通了移动电话服务，我们去村里检查网络覆盖情况。当我们结束了工作，乘车离开村子，当越野车在崎岖小道上摇摇晃晃地行走时，车中有人突然指着车窗外大喊："快看！"只见路边一间简陋的农屋旁，一个农民模样的人正拿着手机很投入地在打电话，同车的人都很兴奋，差点要鼓掌。蓝蓝的天空，绿油油的农田，简陋的农屋和一个正在用手机打电话的农民，构成了一幅美丽的图画，对于我们这些从事电信工作的人来说，这世界上没有比这更美的图画了。

手机化的第二个含义：无所不能。我们说数字生态系统的第二个目标，就是建立一个无所不能的系统，使人们能够在数字生态系统中得到满足个性化需求的应用环境和生态环境。

第一，移动通信服务项目不断增加。手机的功能在当初就是语音和发短信，原来中国移动的增值业务一共也只有12种，现在远远不止了，粗略看一下，就可以发现手机报纸、手机音乐、手机电视、手机地图、手机支付、手机博客、手机聊天新服务不断出现，各种各样的其他应用也在不断拓展中。

中国移动有非常大的客户群，所以只要有客户接受了一种业务，这个业务就会有很大的容量。就比如手机下载音乐已经成为最大的音乐平台，2007年，通过手机下载的音乐量远远超过唱片的发行量，手机音乐下载一年的收入超过了我国2007年电影票房加正版音乐销售收入之和。我们说一个手机报纸，用手机做一条新闻让大家每天来阅读，这个报纸搞了两年多，就有2 000多万用户。2 000万是个什么概念呢？它超过了任何报纸的发行量，因为我们有3.9亿的用户。

北京大学有个副校长，他提出了要建立一个彩信课堂，建立远程交互式的教学。他说，作为一个教师，我在课堂上一辈子也不可能教授5万学生，但彩信课堂却可以让老师教授5万，甚至10万、15万以上的学生，彩信的容量很大，可以有很多的内容和图片。这位副校长的设想非常好，中国移动也坚决支持他这样做。我们的生态系统要做到无处不在，也要做到无所不能。

第二，产业价值链和模式在不断变化。首先，手机制造商正在向运营商渗透。如上所说，移动通信的发展，带来的是人们的生活方式的变化。随着数字生态系统的不断发展，移动通信的价值链正在发生变化。从全球看，制造商和运营商的区别已不像以往那么明显，而是出现了渗透的现象。2007年1月10日，苹果公司正式推出了iPhone。苹果的iPhone引起我们很大的注意，它对移动通信的震动不仅仅是那么多人排队去购买、它的销量那么吸引人等，对我们最大的震动是一种价值链关系的变化，是一种经营链模式的变化，就是说一些设备制造企业，不仅在进行一些经营模式的改变，而且努力要进入价值链的主导地位。一些原来只销售手机的企业，现在又和运营结合起来，并且还和运营商进行收入分成。这样的企业在逐渐增多，在iPhone之前，做得最成功的是做Blackberry的RIM公司，它是加拿大的一家在很多年以前生产无线寻呼设备的规模很小的公司，在无线寻呼开始衰退以后，它的创始人和管理层决定要做一些改进，把它的产品定位为无线电子邮件并参与价值链的整个过程，而不光是做设备制造，或者是设备的出售，这几年做得非常成功。这家公司现在有接近2 000万用户，控制了整个价值链，上游对下游全程主导，价值非常高，现在的市值是700亿美元，目前是加拿大市值最大的公司。相对而言，原来的一些电信制造业公司，市值已经只有几十亿美元了。苹果也是，一开始只是出售iPod音乐播放器，后来又跟iTune连起来可以下载音乐，与互联网的连接，最后又变成iPod与手机的连接，这又是一种模式的改变。现在诺基亚也开始进入这个领域，推出的业务叫 OVI，它也开始进入互联网领域和内容领域，这些是制造行业经营模式的创新。对制造行业来说，经营模式创新非常重要。2007 年 11 月，在广州召开集团客户大会的时候，我们跟海尔的张瑞敏先生聊天，他说："对我来说，我们最重要的不是开发一个新产品，最重要的是想出一种新的经营模式。"前面说的这些经营模式，他认为对他来说是非常重要的。换一个立场来说，人家的创新就是对我们的挑战，而且是很大的挑战。

其次，移动互联网的商业模式已经显现，现在手机已经可以直接进入互联网进行 Web 通信，以前专门适用于移动通信的 WAP 浏览器正在被通用浏览器代替，因为以前 WAP 主要有两个功能：一个功能是特别适合手机的传输方式，因为互联网直接用在手机上不是很合适，网速还是 WAP 快；另一个功能是内容屏幕比较适合手机大小的需要。所以多年来我们一直推的是 WAP，而且可以很好地控制这个价值链。现在技术变化了，由于手机本身速率的变化，再加上互联网技术的变化，上网的时候在速度上，WAP 和 Web 没有什么区别。更重要的是，当我们查到一个内容，电脑屏幕那么大，手机那么小，现在互联网的 Web 可以通过一个软件，原来的屏幕在几秒钟之后通过这个程序，又整理成手机屏幕一样大了，所以用手机也可以很舒服地查看到 Web 内容，这就使我们的 WAP 走上了旁路。比如，iPhone 手机根本就没有 WAP，而是直接上互联网查阅资料，我们看到的是 WAP 被旁路，但更加担心的是移动运营商被沦落为一种管道的可能，因为用手机可以直接上互联网了，这对我们是一种非常大的挑战。

第三节　新时期的企业创新实力

目前，移动通信正在面临很多来自互联网、来自终端等经营模式方面的挑战，我们也很理解这些新的挑战，因为对行业来说挑战就是一种创新，我们必须充分理解这种管理模式和通信模式的变化，并采取符合时代发展趋势的措施予以应对。第一不能关门，我们不能把和互联网 Web 之间的通道断掉，把门关上了，要么就要用 Web 浏览器，要么就不要浏览，事实上这是不可能的事情。第二我们又不能无所作为，不能沦落为管道，也不甘心沦落为管道，而是应该有自身的对策。因此，我们的战略只能是通过不断的创新，提升企业的软实力和硬实力，保持企业的国际领先地位，从而引领行业的发展。

关于企业的硬实力，在前面已经介绍过，中国移动无论从用户规模、网络规模、企业的市值，以及企业的品牌价值看，都已经成为全球通信行业最高的。那么，企业还需要怎样提高企业的硬实力呢？那就是要不断提高企业的创新能力。

第一，不断提高企业的业务创新能力。移动通信数据业务占全部业务收入的比例往往反映了企业的业务创新能力和水平。中国移动上市 10 年来，数据业务占全部业务收入的比重在不断上升，目前已经接近全部业务收入的 1/4。中国移动最早在业界创立了移动梦网的模式，通过建立移动梦网业务平台，使运营商、内容提供商和服务提供商实现数据业务分成，让众多的增值业务提供商参与到价值链的建设中来，重要的意义有两点：一是在中国通信行业传统机制上完成了机制的创新，是国内通信行业首次打破经营封闭网络的思维，以运营商为核心、各方分工合作共同打造数据增值业务价值链；二是初步开拓和架构了通向下一代通信平台的业务探索和实践。这两大意义，将在更长远的发展历程中显示威力。

此外，中国移动创造性地建立了"基地"模式，培育新的数据业务增长点。在四川建立了无线音乐平台基地，在辽宁建立了 GPS 业务发展基地，在上海建立了视频业务发展基地，在北京建立了即时通信（飞信）业务发展基地。以无线音乐基地为例，2005 年 6 月，中国移动将四川确立为无线音乐类产品的创新基地，加快构建 12530 中国移动音乐门户网站。无线音乐基地建成后，由中国移动四川公司负责无线音乐内容的引入管理和制作分发，特别是对版权的严格管理，保证了中国移动无线音乐内容完全正版；同时基地还承担着中央音乐平台的建设运营、12530.COM 无线音乐门户网站的运营及对全网无线音乐业务的支撑工作任务。整合以前各省（区、市）的分散音乐资源、技术和产业优势起到了明显的聚合作用，实现了中国移动用户手机一点接入、全网服务的目的。经过三年的发展，中国移动的无线音乐合作伙伴超过了 200 家，曲库 100 万首，成为国内最大的正版数字内容音乐库。中国移动的手机报领先优势也持续扩大，用户超过 2 000 万户。同时，中国移动的即时通信业务（飞信）也跃居内地即时通信第二位，注册用户超过 7 000 万户。

第二，不断提高企业的研发创新能力。在提升业务创新能力的同时，也同样注重提高企业的研发创新能力。我在 2007 年 11 月举行的"移动互联网国际研讨会"上曾讲到，中国移动正在与 Google 等国际巨头合作研究手机操作系统 OMS，我们希望通过广泛的合作，形成用户所需要的具有手机特点的手机操作系统。OMS 系统是在借鉴 Android 系统的基础上，参考了苹果其他手机操作系统的优点，基于 Linux 开发的。其内核与 Google 的 Android 操作系统不会表现出太大的差异性，但是在业务层上则是完全不同的，中国移动会将自主开发的所有应用绑定其上。截至目前，中国移动的增值业务已经有手机报、手机搜索、手机支付、手机定位、无线音乐、飞信、手机邮箱等。另外，还有更多的业务正在不断筹备。而早在多年前，中国移动就提出了向"移动信息专家"转型的目标。有业内人士认为，在此过程中，通过研发手机操作系统掌控移动互联网平台的入口，对于中国移动来说意义重大。

此外，我们还联合多个厂家，研发了为手机电视配套的计费鉴权系统（MBBMS）。通常，手机电视业务的系统架构由四个部分组成：广播中心、承载网络、支撑系统和终端。其中支撑系统用于完成对用户的认证、鉴权和管理，是保证业务可运营、可管理、可计费的核心部分，在四个部分中具有非常重要的作用。在支撑系统中，用于鉴权部分的密钥管理更是重中之重。我们和广电总局合作，使用我们的 MBBMS 系统，结合广电的 CMMB 手机电视业务，可以为用户提供高质量、方便计费的手机电视业务。

在积极开展 TD-SCDMA 第三代移动通信网络建设的同时，还积极开展了 TD-LTE 第四代移动通信技术的研究。目前，TD-LTE 的研究水平已经和欧洲的 FDD-LTE 技术的进度非常接近。

中国移动还将于本月底与英国的沃达丰公司及日本的软银移动一起建立联合创新实验室（JIL）。三方将联合开发基于不同平台的中间层软件以及基于移动互联网的业务，在 2G 及 3G 时代一直受设备商引导的全球运营商，开始尝试由运营商主导一些重要研发方向，而不再是"设备商给什么就用什么"。联合创新实验室建立之后，基于 JIL 平台，可以鼓励开发者开发出基于 JIL 移动微技平台的应用，以便提供给用户使用，并同时通过必要的激励手段吸引广大开发者开发出优秀的应用。这相当于移动应用的第二次创业。从产业角度来说，要使终端应用成本更低，重要的是要在手机开发平台上做好，开发者和使用者的体验更好，这样，将使中国移动的增值业务更开放。

提高软实力也是中国移动目前的战略重点。软实力包括行为规范、核心价值、社会责任、公司品牌、创新能力等，在我们继续加强硬实力的同时，软实力强化更是我们工作的重点。软实力其实就是一种影响力。真正具有国际竞争力的公司，仅仅有硬实力是不够的，软实力是绝对不可缺少的一部分，也是我们相对比较弱的一部分。

谈到软实力，有两件事引起了我们新的思考。

第一件事，《财富》杂志有一个被称为"最受赞赏的企业"的排名，这项排名不是用硬指标，而是采用国际化程度、创新、人才、社会责任、管理质量、服务质量等软指标来衡量的。2006 年，中国移动在"最受赞赏的企业"的排名中，列电信企业第 15 位，与我们"世界规模最大的电信企业"的排位差之甚远。

第二件事，WPP旗下著名的市场研究公司明略行（Millward Brown）每年与英国《金融时报》一起公布"全球最具价值品牌榜"，在2006年的排行榜中，中国移动以391亿美元的品牌价值排行第四，2007年的排行榜中，中国移动以412亿美元的品牌价值排行第五。听到消息后，我们非常高兴，因为从某种意义上讲，品牌的排位比规模的排位更能说明公司的潜在实力。不过，一次与WPP的一位品牌设计师关于品牌价值问题的讨论又向我们提出了新的问题。这位设计师认为，中国移动品牌的巨大价值主要来自于中国移动在市场上良好的业绩以及无与伦比的客户基础，换句话说，即使公司的企业品牌换个名字，它的价值也不会改变多少。但是，可口可乐却不是这样，即便是同样的饮料，若换成别的名字，品牌价值将会大大降低。这就是说，我们用规模创造了品牌的价值，但还远没有实现用品牌来创造价值。

通过这两件事，我们清楚了一个问题，那就是尽管中国移动的整体实力已经随着公司规模和业绩变得越来越强，但是公司的影响力却与世界优秀企业存在很大的差距。

我经常与国际的同行进行比较，比如印度的同行，他们的软实力是非常值得我们学习的，他们在国际舞台上非常活跃，我们同时参加一个国际会议，印度的运营商也好，制造商也好，都非常活跃，经常主动地发表他们的观点，施加他们的影响力。对我影响最大的是2006年，印度最大的运营商Bharti的CEO，他带了他们各个地方的总经理到中国来，让我们去做一次交流。大家闲聊的时候，他说，我对你们什么都佩服，就是你们每个客户的Capex太高了，我们的Capex没你们那么高，这是第一个他不是很佩服的方面。第二个是，我们谈到了国际收购，比方说去非洲、亚洲的一些国家收购，我说了一个观点——根据我们现在的情况，如果我们要收购一些大的跨国公司，它在很多国家都有业务的，我们肯定会把现有的管理层保留下来，我们要把现有的各个子公司的CEO都保留下来，这样就可以保持公司的稳定和发展。但是Bharti的董事长说正好相反——他只要收购一家跨国公司，第一步就要把它们的 CEO 统统换成自己的人。我就觉得这很明显是两种不同的思路。但不管怎么样，印度的同行在发挥软实力方面确实是值得我们学习的。

软实力是企业竞争实力的重要要素，特别是当企业的规模达到一定程度，企业的设施得到了改善，企业的服务质量也在逐步提高，企业的效益不断增长之时，更应重视提升软实力。这是因为，客户在获得高质量服务的同时，希望更多地得到尊重和理解，希望得到与他们的感受相呼应的品牌，需要体会到品牌所带来的可靠性和亲和力。投资者在关注投资价值提升的同时，也关注环境的保护，从而确保长期的可持续发展。员工，特别是青年员工最关注的是企业能否使他们的才干得到最大限度的发挥，是否能为他们的职业发展带来机会。合作伙伴则希望能创建一个互相尊重、合作共赢的氛围。正因为如此，企业需要从关心具体资源延伸到管理抽象资源，而软实力就是企业的抽象资源。

值得高兴的是，在 2007 年《财富》杂志的"最受赞赏的企业"的排名中，中国移动在全球电信运营商中已上升至第 11 位。

企业软实力的水平还体现在企业对社会责任的观念和行动上。企业的社会责任通常是指企业在创造经济价值的同时，承担对员工、消费者、社区和环境的责任。企业的社会责任是为改善利益相关者的生活质量而贡献于可持续发展的一种承诺。

事实上，中国的企业特别是国有企业在历史上就一直承担着社会责任。随着时代的发展，企业责任的内涵和重点也在不断充实和扩展。由于全球气候变化，企业对环境保护的责任已成为企业社会责任的一个重要方面。在达沃斯世界经济论坛年会上，凡是工商企业领导人参加的活动，几乎都会谈到环境保护的问题，那些高度关注环境保护，并以实际的行动为保护环境做出贡献的企业总是会受到与会者的尊敬。

不可否认，公益慈善事业也是企业，特别是大型企业的一项重要的社会责任。根据独立董事的提议，中国移动成立了公益慈善办公室，配备专职人员从事这项工作。

我们相信,当企业把自己定位于一个企业公民时,履行社会责任就会成为企业的自觉行动。

除上述因素,软实力还涉及其他战略方面的问题,比方说品牌战略,这是一个战略问题,像公司研发方向的确定,这都是大的战略问题,但是大量的都是涉及人员素质的问题的。例如行为规范,这是我们每个人的行动决定的;研发能力,每个人的能力直接关系到我们总体的研发能力;企业文化,这是每个人的核心价值观的体现,所以说到软实力,人员的素质起到非常大的作用。特别是现在要提高我们的影响力、发言权、话语权。事实上,作为这样一个公司,已经有了话语权了,有了话语权,要能说,首先要有好的素质、好的基础。所以说,企业的软实力是企业通过内在力量影响外部相关方的一种能力,企业的软实力由各方面的因素构成,而员工的素质与价值观是最重要的因素,从这个意义上来讲,员工是企业软实力的最重要的基础。

第四节　创新人才

有许多人非常关心中国移动需要什么样的人才。我经常思考的一个问题就是,公司的人才很多,特别是最近几年,又吸引了大量的各方面优秀人才,但是职位是有限的,怎样才能让员工的才能在中国移动得到更好的发展,得到更好的发挥?这就是经常说的员工如何来设定自己的职业生涯。我们的员工也经常说,担心得不到一个好的机会来施展自己的才能。但是人力资源部门又有一个困惑,公司有那么多的人才,但是一些关键性的岗位包括领导岗位需要人的时候,又觉得选拔不出来合适的人。为什么这两个认识会不一致？实际上又回到一个问题；第一，中国移动需要什么样的员工；第二，员工需要什么样的中国移动。这是一个双向的选择。员工的素质决定了公司经营的成果，而公司的战略和公司的政策又能促进员工更好地提高自己的素质。

我始终认为中国移动有一支很好的员工队伍，无论是有丰富的实际工作经验的员工，还是新加盟的从学校招收的员工。大家都知道，最近几年招收的员工，由于名额有限，确实是百里挑一，甚至可以说是千里挑一，我也听到外部包括供应商、合作伙伴和各个方面的评价也是很好的，认为员工队伍的素质整体上是很好的。当公司遇到艰巨任务的时候，我觉得更能显示出员工的良好素质。具体讲，良好的素质涉及以下几个方面：

第一，要有坚强的意志和坚定的信心。2008年年初的南方雨雪冰冻灾害，是对员工队伍的一个很大的考验。当时，我们提出了要做到道路不通移动电话通，电力不通移动电话通。说起来容易，做起来非常困难，但是大家自上而下用行动兑现了诺言。国资委召开表彰大会对国有企业在对抗南方的雨雪冰冻灾害当中的一些先进的集体和先进个人进行表彰，中国移动集团有很多先进集体和个人获了奖。我觉得我们的员工队伍在这种情况下经受住了考验，交了一份很好的答卷。

第二，要能很快地适应环境，我还想谈一个体会，前几年去非洲也好，去巴基斯坦，或者去印度，总是看到制造商的好多年轻人在那边工作，有华为的，有中兴的，还有一些其他公司的，当时我觉得他们很行，对当地的情况很熟，自己做了员工的食堂，能够做出中餐给员工吃，英文说得也很流利，当时我确实很佩服他们在国外这么闯。但是看了我们自己的辛姆巴科公司后，我觉得我们员工在这方面一点也不比人家落后，这些员工英文说得非常流利了，跟上跟下打交道，跟社会各界搞公关，已经有了一定的经验，而且运用得很好。我们也有自己的食堂，每天给他们做中餐吃。这一年的变化很快，我们的员工用他们自己的努力来证明中国移动不仅能够在国内成为一个优秀的运营商，而且完全有可能在国外创造出我们的业绩，虽然他们现在还面临很多的困难。

第三，要有危机感。特别在公司发展好的时候，要保持一种忧患意识，就是说不要感觉太好。当亲眼看到一些当年犹如庞然大物的公司，今天在一步一步地衰退；同时亲眼看到当年一些明星级的公司，今天已经到了破产的边缘。因为当地球的转速在迅速加快的时候，会产生巨大的离心力，如果自己不加入到这个加速器的行列当中去，成为加速器的一个部分，就会被这个巨大的离心力抛出去。所以要有危机感，只有有了危机感，才会使人变得谦虚谨慎。

第四，要善于学习。应对挑战唯一的办法就是要善于学习，技术在飞速地发展，经营模式在不断地改变，需要不断地学习，不管你有多高的学历和学位，还是要不断学习，因为这是一个变化很快的世界，特别是这个行业。我不想说学什么，因为要学的东西太多了。我自己感觉只要有几个月不去关心新的东西，你就会有落伍的感觉。

移动通信创新人才的定向

管理大师迈克尔·波特说过一句话："我们经常看到的情况是，当出现危机才让人觉醒，当出现失败的时候，人们才会重新调整他们对战略的关注，而此时为时已晚了。"2007年1月份在达沃斯世界经济论坛年会上，我正好有幸跟迈克尔·波特教授同台参加并讨论一个关于企业公民问题的会议。在会前我和波特教授有一个很好的交谈，他对管理的认识是很有深度的，他特别指出了要有危机感。

记得有一次看电梯里的电视短片，是中央电视台的一个新闻摘要，一个孤零零的汽车停在冰冻的山区道路上，寸步难行，不知道该怎么办了，正在孤立无助的时候，拿出手机一看，居然还有信号，拿了手机就可以呼叫求助，我看了很感动，因为这里面凝聚了同事们大量的心血，多少个晚上都没有很好地睡觉,甚至在春节期间都在坚守岗位,我确实为我们的员工感到自豪。

再举一个例子,奥运圣火传递到珠峰,相关部门以及西藏公司都积极在做准备。队员们克服了种种困难,在珠穆朗玛峰建了三个基站,为了迎接火炬到达以及新闻报道工作,5 200米的大本营已经全面开展了我们的营业活动——中国移动在大本营上不仅提供了移动通信的覆盖,提供了互联网服务,而且设了营业厅。更值得一提的是,工作人员已经在6 500米的全球最高基站上面职守了,他们在这么高的山上职守,高原反应不是一般的,但是员工们仍坚守在岗位上,没有地方住,就住在搭的帐篷里面,那边风很大,打过来的电话都能听到风刮过来的声音,员工们就职守在上面,24小时都是有人的,这确实是公司的骄傲,我们有一支这么好的队伍。

讲到这里,还是要提一下巴基斯坦公司的情况。给大家介绍一段视频,非常的真实,是巴基斯坦一个叫古奇拉瓦拉的小城市,我想让大家看一下真正的巴基斯坦。我们的员工就是在这么一个环境下工作,这次我们去是为了发布我们中国移动的国际品牌Zone。这次去了之后,我感觉一年多的时间我们取得了很大的进展,这次很明显地反映出来,不光是我们这个品牌发布得很成功。我去参观我们的营业厅、呼叫中心和BOSS机房,感觉好像在看我们省公司的设施,为什么呢?比方说去看这个呼叫中心,操作的全部是巴基斯坦的本地人,但是他们用的软件都是我们的软件,就是客户来投诉了,然后找到投诉的问题,哪个类型,类型当中有几个答案,然后回答给客户。用的是一模一样的软件,只是变成了英文,操作的人员是巴基斯坦人。我问他们感觉怎么样?他们说很好,就是感觉容量不够,只有98个坐席。去看BOSS机房也是这样的感觉。去看营业厅,我们也有旗舰营业厅,营业厅里面排队挂号跟我们很像,进去以后先打个号码进去,然后一个票出来了,就看票的显示,到不同的窗口办理不同的业务,这完全是从我们国内搬过去的。再看天线制式,我们在网络上看到各种天线,我问哪个是咱们辛姆巴科公司的,我们的同事说一看就看得出来,我们的天线和他们每一家公司的都不一样,为什么呢?

因为原来巴基斯坦的所有移动运营商基站的设计都是来自一家欧洲的公司,这家欧洲公司为所有的运营商提供设计,而且设计是不到现场的,是从 Google 地图上找到一个合适的地点,然后就决定在这里建个基站。我们把我们的技术用过去,第一我们是到现场的,根据经验我们是一定要到现场去看才作决定,第二我们的天线要比他们的高,他们觉得有好多技术问题解决不了,一看我们的那么高,觉得很奇怪,而实际上我们技术上没有一点问题。所以我觉得中国移动的优势在逐步体现出来,但是困难还是很大。为什么说困难很大:第一,5 个 GSM 运营商我们排最后一位;第二,那个地方 ARPU 非常低,低到只有 2—3 美元,甚至还有 1 美元多的客户,但是税收非常高,光是放一个号,就要交激活税,这个激活税相当于 8 美元,比 ARPU 要高很多,而且流失以后放号又要交一次激活税,另外其他的成本也很高,租房屋的成本很高,征用土地成本也很高。在这样一个充分竞争的环境下确实是难度很大,但我们的同事很好,他们没有人说自己生活上怎么困难,都说生活上没问题,他们担心的是怎么样改变公司的面貌,怎样创造出一个好的业绩。

综上所述,我只想说明一点:一个不断创新发展的企业,其成长不单单凭借过硬的技术及精湛的创新力,还要依靠一个奋发向上、视野开拓的活力团队,这就要求我们每一名团队成员都能达到或者超越我们所规定的标准,同时发挥出其特长,这样,我们的核心竞争力才有所保证,才能在这个以创新发展为主题的经济环境中屹立不倒。

● 师　生　互　动 ●

- **问**:TD-SCDMA 到正式商用还有多久?包括它在内的各种 3G 标准在中国的发牌,以及与此相关的中国电信业的未来重组,决策部门的基本思路是什么?

- **答**:目前,在 TD-SCDMA 全国十个城市试验网项目中,中国移动集团公司承担了八个城市的任务。这是中国移动对于我们具有自主的核心知识产权的 3G 技术的实质性支持。同时还有两点：一是这一任务目前由中国移动集团公司，而非中国移动上市公司承担；二是目前的 TD-SCDMA 试验网与牌照无关。

- **问**：王总：您好！您刚才提到手机化和数字生态系统问题，请问您认为手机化和数字生态将创造怎样的新价值？对我们的生活将产生什么样的影响？谢谢！

- **答**：在新的生态环境下，无处不在的网络改变着生活、行为和文化，ICT 的发展形成的新价值链，每一个环节都在发挥应有的作用，从而推动了电信行业经营模式的变化，在这个新的生态系统逐步完善的同时，其自身的价值也得以实现。

  目前，新的一代年轻人已成为 Connected Generation，人类的科技成果帮助我们建立起一个新的生态环境，无处不在的网络改变着人们的工作、生产、经营、学习和娱乐的方式，网络正在改变人们的行为，改变人类的文化。作为北京 2008 奥运会合作伙伴，中国移动为奥运会提供的无线视听盛宴，无疑是对这一说法最为鲜活生动的诠释。

  在北京奥运开幕式、赛场上，人们将可以使用手机向外界传递场内信息，并通过手机发送自己拍摄的照片；同时那些正在入场的各国体育代表团中，有许多运动员一边行进一边用手机与亲友分享难忘的历史时刻。此次奥运会上，手机不仅继续作为奥运会提供无线通信服务的工具，而且第一次以新媒体的身份登上了奥运舞台。这是奥运主题歌第一次通过手机发布，奥运官方网站第一次提供手机版。

  青少年一代是网络最热衷的使用者，也是新业务的巨大推动力。中国移动为青少年用户提供了专门的品牌和专门的服务，短信、彩信是他们最常使用的业务。事实上，一些年轻人用手机输入汉字的速度已经超过了手写，一些新业务，例如音乐下载、即时通信、博客等都在快速地推广。一首好的歌曲可以在几个月内下载超过1 000万次。今天,中国移动无线数据业务收入已超过总收入的25%。

当然,一个新的生态系统的建立并非是一件简单的事情,ICT的发展形成了一条新的价值链,价值链中的每一个环节都在发挥应有的作用。随着技术的发展、新业务的推出,电信行业的经营模式还将继续发生变化。但不管如何变化,在一个新的生态系统逐步完善的同时,其自身的价值也得以实现。

- 问:王总:你好!您刚才谈到了中国移动业务扩张问题,请问现在中国移动在新兴市场的拓展策略是什么?
- 答:在业务拓展方面,中国移动会积极进军亚洲和拉美等新兴市场,并作为全球战略增长重点,海外业务拓展在近期还不会涉及北美、西欧这些相对饱和的通信市场。其实,我们进行国际扩张的主要目标就是创造更多利润增长点。所有业务都要用这个标准来衡量。因此,我们在选择业务拓展领域和物色合作对象时都非常谨慎。

目前,中国移动集团的全球增长战略重点是开拓新兴市场,我们充分运用集团在中国运营的丰富经验,主要目标区域在于亚洲和拉丁美洲等新兴市场,特别是发展阶段与中国相近,或稍微落后的国家。

- 问:您好,您之前所说的社会责任感,那么是不是企业多做公益事业就可以充分体现企业本身的社会责任?
- 答:嗯,这个问题问得很好,现在一些媒体,甚至企业领导人自己,往往把企业对公益慈善事业投入的多寡作为衡量企业社会责任感的最重要标准,其实,这是不全面的。企业的社会责任应包括企业对利益相关者承担的各种责任。

最近,我在一次跨国公司的研讨会上作过一个关于企业社会责任的发言。我在发言中介绍了中国移动几年来履行社会责任的活动。这些活动包括四个工程——"农业工程"、"生命工程"、"环境工程"

和"文化工程"。农业工程是指我们投资140多亿元资金完成了3万多个最偏僻的农村移动通信网络覆盖，使山区的农牧民用上了手机。在生命工程的介绍中，我举了在2007年某地的洪水灾害来临时，如何利用短信预报洪水情况，利用短信有效地组织群众撤退的例子，介绍了移动通信在抗击自然灾害中发挥的独特作用。还讲了通过短信为"健康快车"捐助的事例。我们的环境工程包括回收废弃手机及电池的"绿箱子"活动，以及在风景区内建设与环境相配的"景观天线"，还讲了节能减排的工作，介绍了我们的农村基站使用太阳能和风能等清洁电源的事例。文化工程讲了"公益短信竞赛"活动以及公司支援西部地区农村教育等活动。会后的反应出乎意料地热烈，特别是与会的国外人士对公司的社会责任活动给予了很高的评价。在这次圆桌会议上，中国企业表现出他们不仅是国际市场上迅速崛起的一支生力军，同时更是奉献社会的企业公民。在当今世界，企业的社会责任正日益受到重视，在本次会议上对这一问题的多次论及，使我倍感鼓舞。

事实上，中国的企业，特别是国有企业，在历史上就一直承担着社会责任。在过去较长的时间里，许多国有企业承担了大量的社会公共服务职能，有的大型企业几乎包揽了社会的各种功能，使企业就像个"小社会"。今天，当企业变身为市场环境下的商业主体时，仍能自觉地将社会责任作为公司责任的组成部分，体现了企业的社会道德观和社会价值观。我们应该充分地利用发布企业社会责任报告、在国际舞台上广泛宣讲等方式，向国际社会展示中国企业的社会责任观和社会责任活动，进而提高中国企业的国际影响力，加深国际社会对中国企业的了解和认识。

- **问**：中国移动上市近十年了，同时也正走向成熟，您能否谈谈中国移动今后的路该怎么走？
- **答**：移动通信网络正在改变人们的生活。这是一个充满希望的行业，也是一个充满变化的行业，这种变化不仅仅体现在技术的变化上，更多地体现在人们消费习惯的改变和业界经营模式的改变上，而经营模式的改变对企业带来了更多和更大的挑战。只有依靠创新的精神和创新的成果才能更好地迎接这种挑战。

公司前进的列车还在继续往前开。新的征途中，公司又面临一些全新的领域。海外拓展的战略刚刚迈出步子，中国移动通信集团公司收购巴基斯坦巴科泰尔公司以后，集团有了第一个海外公司。这是我们从未涉及过的领域，如何将中国移动的发展经验和规模优势利用到辛姆巴科公司（收购后的新公司名），如何改变公司的网络状况和经营状况，是我们面临的新的非常艰巨的任务。中国移动派往辛姆巴科的管理团队和短期支援人员，正与本地管理人员、广大员工及施工单位一起，抓紧进行网络扩容，支撑系统建设，客服中心建设和新品牌推广工作。公司人力资源部门准备从赴巴基斯坦的员工中招聘公司驻美国办事处和驻英国办事处工作人员，但所有的人都不愿在此时离开。有一位员工在信中说，"感谢领导关心。我在此地生活条件艰苦，还连累了我老婆。但我不想在这个时候离开，人的一生其实很短，我要珍惜机会，与大家一起奋斗"。看到这样的员工来信，我深深地被他们的敬业精神所感动。有了这种精神，我们可以面对新征途上各种各样的挑战。

第六讲

风险投资：打造中国人自己的"微软"

田溯宁
中国宽带产业基金主席

经历告诉我们，在这样一个互联网、电信、高科技、媒体等产业发生迅速变革的时代，在中国这样一个经济高速发展的国家，股权投资的作用是非常重要的。所以我一直讲股权投资在中国经济中的重要性，甚至远远大于在美国这样一个成熟的经济环境里的作用。

第六讲 风险投资：打造中国人自己的"微软"

虽然我涉足金融领域，创立股权投资基金才不到两年，但是在过去十多年的创业过程中，几乎每个阶段都没有离开过金融、资金的支持。今天我就借助个人经历，谈谈对高科技风险投资的理解。

第一节 懵懂风投路

我第一次创业是在校园里。那时候，我在美国读书，学草原分类生态学，博士学位读到两三年，获得了得克萨斯理工学院的奖学金。

我在国内是学生物学的，后来到科学院读研究生。之所以选择生物学是因为我父母都是学生物的，我受他们的影响很深。我的研究方向是资源生态学，主要研究对象是湖羊，为此我花了近两年的时间在江苏省吴县东山乡研究湖羊和生态系统的关系，当时的课题叫"中国江苏省吴县东山乡湖羊生态系统的研究"，这跟现在做的高科技孵化没有关系。

1986年、1987年正值出国热潮，我也想去西方，于是就给一些美国的导师写信，说："我在一个农村实习，但是很愿意得到你们的奖学金支持。"

不久就得到了答复，就这样我到了美国，我的专业也由动物学转成植物学，研究两种草的竞争模型，但是我对这个新专业的兴趣不大，再加上当时得克萨斯州正在进行高科技工业革命，戴尔及苹果开始创立，我也读了很多这方面的书，就想到了创业。

在三年级的时候，我在从达拉斯飞往洛杉矶的飞机上碰到一个中国人。他是学计算机的，也是内地出去的，台湾的爷爷给他留了一笔钱。然后，我提议我们一起创业，到下飞机的时候他接受了我的建议。他就连工作也辞掉了，从原来所在的一个大城市转到了美国的拉伯克小城，跟我去创业。

我们两个在拉伯克成立了一家公司叫 BIS，我也通过办这个公司，知道公司怎么注册。当时合伙的那个朋友写了一个软件，能够帮助人们把所有的支票扫描进计算机，然后可以帮助用户查出这个支票签字的真假。这个现在看来很普通，但在 1989 年、1990 年的时候未尝不是一个很好的想法。结果是他出 20 万美元注册公司，写软件，我没有资金就负责市场营销和公司管理，公司一人一半。

公司注册完了，我才发现考试得了一个 C，就是还要再学习，然后补考。这样我上午不得不穿着破破烂烂的学生衣服上课补考，下午穿着西装，和他一起开着我的破吉普车到那个公司去办公。

很快公司出现了问题。当时，还不懂销售，最主要的工作就是拿一个电脑，到一家家银行去推荐我们的软件。实际上到了银行的营业厅，他们又建议这种系统拿到总部去。但拉伯克那个地方没有银行总部，只有营业厅。所以公司经营了半年左右几乎处处碰壁，不得不关闭。

这个公司我们一共花了将近四万多块钱，包括买电脑等各个方面。解散时，账上还剩下 16 万美元。但是按法律来讲，这个公司有一半是我的，公司的资产我占 50% 的股份，等于我有 8 万美元。我越算越不明白，我什么也没投入，公司又失败了、解散了，我反而能有 8 万美元，但这就是法律上的解体要求。

这是我遇到的第一个金融问题，当时不清楚股权、产权是怎么回事。后来，问题解决比较简单——我不可能要他的钱，不从法律角度来讲，而是从情理角度来讲。也正是通过这个过程，我慢慢知道了股权、股东、公司的概念。

第一次创业，第一次跟金融资本相结合，我的天使基金就来自飞机上认识的坐在隔壁的一个人。我想我当时能够成功说服他的原因可能就是比较有激情。虽然这个公司失败了，但这也是我第一次所谓的融资经历，虽然我没有花一分钱来做这个事情。

第二次经历是创立亚信，也跟金融有关系。

那个公司失败之后，我更加渴望创业。对于学习、除草研究和博士论文，我完全失去了兴趣。每天就想尽早博士毕业，赶快去投入创业浪潮。那时候很关注苹果计算机，它的影响比现在的 iPod、iPhone 对我们的影响还要大。同时，也关注戴尔。

1993 年，我在网上认识丁健，然后我们就搬到一个大的城市达拉斯注册了亚信。注册这个公司的时候，我的经验就比丁健多了，因为注册过一次。我们俩最后是各出了大约三千美元注册公司，也是各占 50%。这个时候已经开始用到了相关的公司法，还找了小律师。

公司成立后，又遇到新问题，就是怎样加大互联网的宣传。

中国这些年的变化很大，现在已经是全世界最大的互联网国家之一。通过互联网，中国创造了这么多财富、公司，很多人还改变了生活。但是在 1995 年的时候，做互联网业务还很困难。

然后亚信搬回中国，正好赶上互联网热潮。那时互联网在美国已经变得非常重要。克林顿的执政方针，一是要推进全民保险，二就是要建设所谓的"信息高速公路"，互联网成为他施政最主要的一个部分。而当时中国互联网的情况却是：上网的人数还非常少，主要是科学院高能所连的一个 64 K 的线，一共只有几千个互联网用户。我们当时就不断到各地区去宣传互联网的重要性。

其间，有两次经历我至今难忘。一次是在 1995 年 10 月份，北京市公安局的人找我谈过，说是需要我讲讲关于互联网是美国中央情报局所做及有一系列政治安全方面问题的说法。所以我被关了两天，讲这个事情。

还有一次是到贵州去讲信息高速公路，当时一方面中国电信的互联网站点要到各个省去建，另外一方面是各个地方已经开始有了所谓的科委系统。在一个会上，我讲完话后，一个地区领导就批示说这个信息高速公路很重要，请交给公路局来办理。在那个时代，大家对信息高速公路和道路交通比较混淆。

这种情况下，互联网在中国能做起来吗？

如大家看到的，后来中国的联合网真的做起来了，当时的代表就是163、chinanet的建设。因为中国那时候也做不了信息服务，亚信就和一家美国公司一起建设网络，成为当时在网络界唯一的一家中国公司。

运营起来之后，亚信又面临第二个问题，就是商业模式不适造成资金短缺。

建网的过程中我们的公司发展得很快，每天都有合同。当时北京的163、上海热线等都是亚信建的。因为公司招人非常多，涨得非常快，从1995年回国时的丁健、林亚东和我三个人发展到了1997年的700人左右，收入已经达到两亿多。但是作为经营者，我慢慢发现一个问题，公司虽然收入很高，但现金总是不足，当时的情况是再过三个月账上就没有钱了。我怎么也想不明白，我们的利润率很高，为什么没有钱发工资？

后来找到了原因，就是亚信的商业模式有很大的问题。我们当时是做系统集成的。比如说从中国电信，或者说当时的北京邮电局拿一个300万美元的合同，在全北京建立一个互联网的接入站点，但是客户只付给你20%的定金，我们系统集成商等于要拿70%的钱去买路由器、工作站，还要买各种各样的软件。我们公司的注册资金只有几千美元，以前单子小的时候还能把这个钱周转过来，等到规模越来越大的时候，公司的现金流就出问题了。在垫款买完很多设备之后，实际上已经没有钱去再做新的单子，最终，单子签得越多，现金流的陷阱就越大。

当时我还没有意识到需要转变商业模式，认为只有这种商业模式才能够成功。当时也还没有风险投资的概念，我们几个留学生刚毕业也没有钱，公司是用客户预付的钱慢慢做起来的。

接下来是亚信面临的第三个问题，就是融资。

到了1997年的时候，有一段时间公司700人只能发一个月左右的工资。我们几个管理人员就一边主动要求把自己的工资降下来给员工发工资，一边思考这个公司的问题所在。这个时候才知道有风险投资这个概念。

我见了一个叫冯波的风险投资家，他在硅谷的一个投资银行工作，是最早做投资银行的中国人之一。现在也还在做，公司似乎叫程维投资。他说我碰到这个问题几乎所有硅谷的公司都经历过。现在就需要找他，需要找风投。

回来之后我讲给我们的几个核心人员，刘亚东、丁健、张于非都觉得风投的概念不错，我们就签了基金风投协议，这个协议是什么内容呢？就是未来亚信所有的融资都要通过这家投行来做，他有优先购买权，我们融到的资金他要拿7%作为佣金。签了协议之后我们才知道，这是个不平等条约。他欺负我们不懂。我又想，有人去帮我找到钱，我给他7%不是挺好吗？就没有细想这个问题。

接下来要做的事是由我负责去融资。

从1997年2月份到1997年11月份，我们走过了漫长的融资道路。那时候很少有西方的风险投资公司投资中国的高科技企业。我们就从什么都不懂开始，到后来进行路演，写各种各样的报告，当时主要是去香港，见各种各样的风险投资人。

在这个见的过程中，很有意思的就是大部分人都不知道互联网是怎么回事儿，更不知道中国的互联网是怎么回事儿。我们找了一家投资公司，他说互联网投资他们搞不清楚，但是他们在中国投资了一个东西非常赚钱，就是中国的养猪场。我想我们找了一个投资养猪场的公司来投资亚信的互联网，所以怎么也对不上。最后运气比较好见到了孙强等人。

对于历史的总结，我总觉得不同阶段有不同阶段的看法。所以，我现在回想，如果没有那次融资的成功，亚信会走得非常曲折。这次融资经历，对亚信来讲，对曾经是中国互联网的建筑师来讲，都是一个虽然富有很多戏剧性，有很多无知、天真在里头，但却是至关重要的一个步骤。

第二节 游刃有余间

到了 1999 年 8 月，我离开了亚信。

当时政府要电信改革，创建一个宽带的电信运营商来和中国电信竞争。当时四家股东——广电总局、铁道部、上海市和中科院给国务院打了一个报告，说我们把自己的资源放在一起，科学院有技术、广电有内容、铁道部有光纤、上海市是作为一个新型的电信运营商三网合一的一个试点城市。国务院批了以后，四家各占 25% 的股份。当时有个提议说用四亿元人民币就能把宽带互联网在全国建立起来，但入股各家的资金加在一起才 1.8 亿元，所以计委又给了一些贷款作为科技专项基金来投入。

由谁来管理这四家的股份？我恰巧给一位国务院领导汇报过一次留学生创业的经历，他对我有印象，于是就找到我。当时亚信正准备上市，我从来没有想过离开自己的公司，我要把亚信做到底。结果有几个领导找我谈话，说你回到祖国，国家对你也不错，现在正是党和人民需要你做一点儿事情的时候。我确实很难说 NO，就在上市之前离开了亚信。

当时亚信的投资人还非常恼火，起初说要告我，后来说你先去帮他干一年，等建立好之后再回到亚信。

就这样，我开始了网通的创业。

网通的创业跟资金的关系就更密切了。我到了以后，不知道什么叫电信公司，以前的亚信是不需要固定资产投资的，基本上是人和软件。到了网通首先是要全国建网，发改委批的全国第一个试点工程是要在 16 个城市建立一个环状的网络。需要的资金也不止 4 亿元，当时批的好像是 42 亿元人民币。但是股东给的投资额加在一起还不到 4 亿元人民币，而且其中很多还是光纤，就是以资产入的股。这个时候我才知道创立电信公司之难。

我就吸取亚信的教训，第一天就开始融资。但是靠什么融资？开始是跟很多投行谈，最早是高盛来找我。对我说他们高盛前一段刚给美国的一个公司三页纸就融了 30 亿美元。我说有这种好事情？可是我们这个公司什么收入也没有啊。他说问题不大。最后我们在高盛的帮助下得到了第一笔资金。

电信公司要在全世界融资，还必须要有政府的许可。当时我们就先后跑了广电总局、信产部，鉴于长途电话不能做，最后就拿了宽带带宽批发这样一个许可证明。我们建了很多的带宽，要做运营商的运营商，就用这个许可把我们的带宽卖给中国电信、卖给联通等。

后来我们又找到美林证券。这个投资人我还认识，叫瑞克。他跟我讲我还要有建多少光纤的计划，这时候我才知道要做计划。怎么做呢？电信公司就是要计划在什么地方投资多少光纤，投资多少机房。我们自己不会做，就请到了麦肯锡、BCG 帮我们。记得是在友谊宾馆的几间房子里，我向他们介绍了我们建设光纤网的宏伟计划。

计划很快就做出来了，就开始融资。在融资的过程中我一直没有信心，因为我们没有收入、没有固定资产，底气不足。而且融资的目标是多少钱也不知道。只是知道要把这个光纤网络建成，至少需要融资三亿美元，融到这三亿美元后，我们才可以用这个资金再去贷款，要贷四十几亿。

这只是一个开始，后来又去路演。通过三个月的路演，我们最后融到了 3.25 亿美元，其中高盛就投资了 6 000 万美元。其间，我见了高盛、戴尔本人很多次，还有李嘉诚等。全球走了一圈之后，我感觉事情就有点儿不一样了。这个公司融资的时候是 300 多人，融资之后已经到了 600 多人。虽然收入还是没有，但是公司的估值已经达到 21 亿美元，我们让出了百分之十几的股份，融到了 3.25 亿美元。如果没有这笔钱，实际上可以说网通是无法运作起来的，网通的 CNC Logo 这些都是融资的那个时候做出来的。

我觉得自己非常幸运，赶上了好时机。2000 年的时候，是创造互联网奇迹，也是创造电信公司奇迹的时候。像一家上市公司市值都到了 400 亿美元左右。后来破产的那一家公司，市值也是做到了 300 亿美元左右。电信公司要像个人计算机一样发生天翻地覆的革命。在个人计算机的时代，以前是 IBM 垄断一切，从操作系统到硬件；但是 PC 出现的时候，主机的时代被个人计算机所取代，整个工业变成了平行化的分工，就像英特尔就做芯片，微软就做操作系统，康柏、戴尔就做硬件。

电信革命后的新时代也是这样。像网通这种公司就做光纤，做特别大的光纤，就像英特尔做芯片一样；然后有的公司就做应用，各种各样的应用，可能是中国电信或者是美国当时的 AT&T；还有一些做更高级的应用，就是各种互联网公司。所以我们当时做的事情是什么呢？我认为我们是在创建电信时代的英特尔。

但是融资半年之后互联网这个泡沫就破灭了，电信公司业绩也是一塌糊涂。当时负责高盛投资的人叫杨向东，就是后来到了凯雷投资的那个人，见了我还抱怨投到网通的 6 000 万美元亏损了。

但是我后来想，确实是这 3.25 亿美元，帮助网通建立了全国第一代的光纤互联网，这 3.25 亿美元，加上我们当时跟国家开发银行和中国银行的贷款，加在一起一共贷了七十几亿，我们建成了当时全世界最好、最新的一代光纤网，从北京一直建到武汉，从武汉一直建到广东、汕头，然后建了海底光缆。今天，中国的带宽已经是全世界最便宜的网络之一。而在几年之前，2000 年的时候，拨号上网的速度非常之慢。而我们网通的口号叫"有我天地宽"，就是说有了网通、有了宽带的这样一种基础设施，我们在上面能做很多的事情。

现在回想起来，如果没有这样一个融资的过程，没有这样一个基金的协助，你再好的梦想，再好的政府支持，都是无从谈起的。很多人都讲我的经历独特，做民营企业、做国有企业都得到了各方面的认可。但是如果没有这些融资,我的结局可能不是今天的这个样子,可能是对于国有企业情况不熟悉,或者是没有很好地管理国有资产。那就完全是另外一个故事了。

第三节　创投操盘手

所以,我总是在讲这三个经历。无论是早期的一段简单个人经历,还是在亚信的一段融资经历,到最后在网通的早期创业中融资 3.25 亿美元的经历,无论是作为一个创业者,还是作为一个大型企业的管理者,投资基金对我一直起着非常重要的作用。有人讲一个创业者需要梦想、需要理想,我这方面并不缺乏,我认为我们更需要的是资金。如果一个理想没有一种很现实的资金的支持,那么这个理想也是空中楼阁。

基于这些想法和融资经历,我决定投身创投行业。

几年来,我一直在想,是因为你有这样的一个想法所以拿到了钱,还是你拿到了钱才能把这个想法实践?是得到了这样的一种政策支持,然后你能拿到钱,还是因为你有了钱之后,使政策的环境更加好?我觉得这些东西很难理得清楚,但是至少从我的经历来看,从过去 15 年我从事的这些行业来看,资金,尤其是这种股权投资的资金,在我的生活或者说生命中起到了非常关键的作用。没有这些投资就没有过去的经历。

做这个所谓新型电信公司很有意思,当时全世界创立过 300 多家,一共融了多少钱呢?将近 7 000 多亿美元。但是现在真正存在的不多。我早期见到很多优秀的公司的创业者,比我有更多的经验、更好的理想,也有更好的管理团队,除了很多其他因素外,主要就因为资金这个环节出了问题,才没有能够把理想实现。

经历告诉我，在这样一个互联网、电信、高科技、媒体等产业迅速发生变革的时代，在中国这样一个经济高速发展的环境中，股权投资起的作用是非常巨大的，甚至远远大于股权投资和风险投资在美国这样一个成熟的经济环境里的作用。因为中国既面临市场经济的变革又面临高科技的变革。这么多变革的发生带来什么？就是一方面不确定性特别多，另一方面新的机会非常多。那么靠什么能减少不确定性和抓住机会，创造伟大的商业模式呢？我认为就是要靠有远见的投资者和最优秀的企业家相结合，才能在这块土地上创造一种难以想象的奇迹。网通的经历和早期亚信的经历恰恰是在适当的时间、适当的地点，资金和好的创业者相结合的一个产物。

网通上市并且在和北方十省融合之后，已经变成了20万人的企业。在此期间，我主抓上市，已经从一个创业者变成一个国有企业的领导者。这个时候我还是希望做一些更有创造性的东西。但是在2005年，我四十三四岁的时候到底要做什么呢？做什么才能够把我过去的经验和想法利用起来？做什么才能够把握好中国未来的主旋律？做什么事情才能够让我到了六七十岁也能感到非常自豪，不感到遗憾？我想来想去，就觉得应该做一个投资基金。

对于我做投资基金有各种各样的说法。主要有两种：

第一种说法是我在国有企业混不下去了，所以用这个方法很有面子地出来。

第二种说法是现在所有人都做风投，所有人都做PE（Private Equity，私募基金），我就是在赶时髦。

实际上我为什么要做这个东西？

第一个因素就是时代的变革。这个时代最主要的主题就是变革。我们这一代人真是经历了西方将近一百年或者两百年才走完的历程，从早期吃不饱饭到上大学，去读什么湖羊生态学的研究，到去拉伯克数草，到自己创业，管理国有企业，每一次变化都是充满着传奇性的色彩。时代在不断地变革，也还会继续变革下去。

另外一个因素实际上就是融合，就是行业在发生根本性的大融合。大家看这四个行业：一是电信行业。这是个古老的行业。贝尔发明电信到现在一百多年了。电信公司发生了天翻地覆的变化。我印象很深，1997年，大多数人都认为做移动通信不可行，但全球第一个全球性的移动通信公司却在那年创立了。Mobile Phone最早是贝尔实验室发明的，发明了20年没有人用，却是移动通信的人最先用了。

他开玩笑说创立的原因很简单：他有一次开车，在西雅图的家附近，把一头鹿给撞死了。他想要打电话，却找不到电话。他就一个人徘徊，他突然想起，好像莎士比亚说过人本质是游牧的，人类最好的状态是在游牧状态，没有人管。所以他一想，"我撞了鹿倒没人管了，要有电话多好"。就是这件事情，让他下决心做移动通信。现在我们回头看十年之前的这样一件事情，改变了整个人类的交流方式，创造了世界上市值最大的公司。2000年，信息产业部做规划的时候，最大胆的预测是到2007年中国有5 000万部手机，结果现在已快发展到5亿了。你说这个行业发生了多大的变化？

二是媒体行业的发展。报纸出现之后，媒体行业成为一个产业，并走过了广播时代、电视时代，一直到今天的互联网时代。今天，很多我们以前认为不是媒体的东西是媒体了。江南春在电梯里挂的屏幕变成了Media，手机变成一个Media，甚至你上厕所的时候不是会看到小广告吗？那就是角落媒体。媒体形式发生了非常重要的变化，而且这个变化实际上刚刚开始，更大的变化是媒体开始互动了，就是所谓真正能做到分时、分段、分众。

三是PC行业的影响。30年前，我们还不知道有这么一个公司叫微软，今天它已是世界上最伟大的企业之一；十年之前还不知道有一个公司叫Google，它也是今天最伟大的企业之一。

四是宽带互联网的应用。实际上我有一个坚定的信念——宽带就是我们这个时代的蒸汽机，就像150年以前发明蒸汽机，引发了整场工业革命一样。带宽出现之后各种应用革命也就随之开始了。其作用表现在下面几大方面：

第一，宽带是四个行业融合的基础。过去在窄带的时代，这几个行业很难连在一起。但是在宽带的时代，通信和计算机怎么能够分开呢？我们现在的很多计算机永远在网上。而我们今天一部手机比如摩托罗拉的计算功能，已经超过了过去一台486个人计算机的功能，你说它是手机还是个人计算机？很难说。如果3G或者是其他新技术得到运用之后，我们就可以每天用手机看电视，进行各种各样的信息交流了。而且手机有它的独特性，就是能够知道是谁拿的手机，在什么样的位置。

第二，宽带满足了人们对速度的追求。这些行业的每一个都在创业的过程中产生了一系列伟大的公司。AT&T不用讲了，在PC时代出现了微软、英特尔这样的创业型公司。中国没有赶上那几个创业时代，进入IT时代也比较晚，只有互联网时代是接得最近的，出现了百度、阿里巴巴、QQ、盛大等中国人自己的商业模型，且市值已经超过了100亿美元。

将来带宽还要不断地拓宽，人们对带宽的追求就像对速度的追求一样，是永无止境的。有人经常讲什么是核心的应用，我觉得速度就是核心应用。人们为什么不断换计算机？就希望速度快，人们永远不会满足速度的，这样就会对带宽有更高的要求。

中国经济要真正实现跳跃式发展，在未来民族复兴的20年过程中，一定要有自己根本性的创新和发明，使整个竞争优势大大地超过传统的商业模式。就像荷兰人发明快船、英国人发明蒸汽机，就像美国在它的经济复兴的过程中，有爱迪生发明电、福特发明汽车一样。那么中国的爱迪生、福特会出现在什么领域呢？我认为就会在宽带这样一个领域里，在四个产业的融合和变革中实现。

那么，要做到这一点需要我们做些什么呢？

第一，以我的自己经历而言，我觉得最重要的是要使创业者能够了解这个行业的发展变化，就是说要对电信行业、互联网和IT行业比较熟悉。

　　第二，我认为，要能够非常积极地与政府沟通，并得到他们的支持。我这些年一个很大的体会就是我们这个社会是分很多圈子的。虽然我在亚信时也要打单子，要跟电信部门接触，但是在我脑海里，对于"组织"这一个东西，第一是不理解，第二也不愿意理解，第三是躲得远远的。虽说与很多政府官员是朋友，但是真像属于两个完全隔绝的世界一样。到了网通之后，我更发现政府完全就是另外一套体系，政府和大型国有企业各有自己的做事方法，有自己的语言观和价值观。这两个领域放在一起形成的圈子又与外资企业和民营企业形成的另外一个圈子有所不同。

　　那么如何来实现融合？正好这几个圈子我都经历过。首先，我能跟投资人、创业者谈投资、创业的经历。其次，我能够向政府领导汇报思想、谈论政治等各方面的新闻，找到他们的利益、需求，取得共鸣。再次，我能跟老外说一点儿英文，交流一下没有问题。最后，我能跟民营企业家一起喝酒，打扑克也问题不大。所以我想，我最好能把握这个机会，把这几个圈子连在一起。

　　那怎样才能连在一起呢？我觉得最好的方法还是通过投资，因为投资是最能把利益一致化的一个东西。我在做这个宽带产业基金时，一个很重要的理想是要把国有企业作为投资者，民营企业作为投资者，中国人作为投资者，外资作为投资者，形成一个平台，形成一种交流。以我过去的经验来看，所有这些交流都能创造价值。所以这个宽带基金有网通的投资，比如中信，这是代表国有的成分；有民营企业家，我本人还有包括杨致远等其他几个；还有一些机构投资者，像新闻集团 WPP。

第四节　梦想开拓者

最后，谈谈做创投的想法。这涉及三个主要的方面。

第一方面是我认为 PE 基金的投资应有一个合理的目标定位。我一直觉得做任何一件事情都要想明白道理，名不正则言不顺。做企业就一定要有一个企业的理想。我们做网通的时候说"有我天地宽"，要给中国带来无所不在的宽带；在亚信的时候，说我们是中国互联网的建筑师，中国未来需要网络信息技术，我们是信息经济的铺路人。

那么，PE 的目标是什么？是赚钱吗？

在我看来，赚钱不是一个投资者最好的回报。第一，光靠钱投资很难长远地凝聚最优秀的人才。第二，我也说服不了我自己。要是说专门做投资仅为了赚钱的话，那我何必离开亚信呢，我当时是最大的股东，直到现在也是。我还不如回去做那个公司，或者再继续创业呢。

所以说我们这个 PE 基金要做到什么呢？就是要做这四个产业融合的推动者、促进者和领导者。在投资媒体的时候带入我们对电信的理解；投资电信公司的时候则带入我们对媒体和互联网的理解；投资民营企业的时候，带来跟政府交流的经验；投资所谓的互联网或者 IT 公司的时候，带来对电信的经验。我觉得这样在几个过程中附加经验价值，就能做成一个"生态系统"。

第二方面是要让信息化未来成为一个大系统。如果我们把信息化变成一个大的产业或者一个大的复杂的系统。那内容相当于什么呢？我觉得可以用这样一个简单的比喻来形容整个价值链。以石油来比喻的话，内容像原油，原油的品牌越好，跟沙特阿拉伯越接近。但原油并不是哪里出产的都好，这就需要输送管道，电信公司或者传输公司就像输油管道。光有输油管道和原油不行啊，因为我们不能直接用原油，供给发动机的是经过提炼的柴油和汽油，那什么是炼油厂呢？我认为这个"炼油厂"就是新一代的软件。就像今天你看看，手机报不就是把每天报纸上能看到的信息，通过内容编辑发到你的手机上，然后给你实施计费、认证这一系列功能，就相当于一个炼油厂一样。而且我一直觉得一个产业的早期一定需要这种上下游的不断整合。

在网通的时候我对韩国的印象很深。当时是陪信息产业部领导一起去韩国考察。我们都有这样一个理解——韩国的宽带做得很好。亚洲金融危机之后，韩国并没有被金融危机击垮，相反它的信息产业脱颖而出，成为全世界的领导者。比如说三星和LG，三星的市值已经超过索尼的3～4倍。如果你关注创新领域，今天网上许多创新的游戏，最早都是从韩国来的。为什么韩国在经历那么一场大危机之后，作为21世纪核心的信息产业非但没受影响，反而脱颖而出呢？我觉得很重要的原因就是韩国大的企业是以家族为核心。就像三星和LG，和政府一起，在价值链上进行过很明确的整合。三星有自己的运营商、有自己的手机制造商，在这个过程中形成了很密切的协调；LG也非常明显，有LG的手机制造、LG的内容、LG的投资。

后来我看美国的工业历史，美国早期的石油工业、钢铁工业，也经过了一个所谓托拉斯整合的阶段，它通过控制对股票的分销来进行行业的整合，整合完成之后也就奠定了美国现代工业的基础。日本也一样，早期在明治维新之后，是以所谓财阀为核心来进行整合的。

那么什么样的东西能在中国未来信息化中扮演这样一个角色？这个我想得还不成熟，原因之一是中国这个行业的情况比较复杂。在信息行业里面，一方是非常大的高度垄断的企业，像中国移动、网通；另外一方是非常小的新兴企业。在这种情况下如何去做到对这个行业进行有机的战略配合呢？有可能是通过一种中国的银行的形式，因为做这个事情要冒风险。

要在融合、变革的时代主题下进行产业整合或者进行战略性的投资就需要通过一个有理想、有远见的投资公司，把自己的金钱、对这个行业的看法、对企业成长管理的经验以及对不同行业交叉的认识带进来。

我在网通的时候就很明显地看到应该进行行业性的、战略性的、价值链上的投资。我还跟网通谈过，能不能由网通的董事投资网易，当时网易的市值还很低。但是我们知道让国有企业去投资一个民营企业是很难通过的，民营企业没什么资产，而国有企业基本都以净资产为估值。另外也没有风险承担机制。

我越来越清楚地认识到：在宽带市场迅速发展的前提下，我们不光能够融到资，而且能够把企业经营起来。CBC的明细化和它建立数字生态系统的具体目标，在我跟我的投资者CBC的LP交流的时候，得到了很多的认可。所以你看我的投资者里也是这样，有电信公司像网通和PCW，有媒体公司像WPP和NEWS，也有很多国内的优秀创业者，还有一些个人。

第三方面是应重视风险投资。风险投资在中国未来现代化过程中的作用是非常重要的，它承担着建设数字生态系统的重大责任。我觉得中国未来的产业在这个所谓TMT上面有着前所未有的机会，因为历史上从来没有像今天这样，我们能够准备得这么好：有世界上最大的基础设施——电信、互联网；有非常大的客户群。

在信息化方面，美国是基本以个人计算机为核心的，也就是PC革命。在这一场变革过程中，建立起世界上最好的软件公司，微软是解决个人的问题，还有解决企业信息化问题的。中国在信息化方面，一些很大的企业像网通和中国银行虽然做了很多，但是不够深入人心。

将来中国的信息化可能就在手机上进行，手机就是中国人的PC，而且我们未必都需要用微软等软件来实现ERP以及个人的各种各样的通信，短信可能是解决中国人问题的最好方法。

离开网通之后，我就开始回购亚信的股份。我希望亚信能够重新找到它的使命感和战略，成为手机上的软件公司，提出将来中国的ERP系统，只用手机的几个短信就能解决库存、管理的问题，而不再用SAP那种复杂的东西。

过去我们的市场大，管理人才没有准备好，别人搞电子革命，我们还搞阶级斗争呢。即使是在互联网这一代变革当中，我们也很少有这种根本性的创新，基本是别人有雅虎，我们弄一个 SOHU 这样的拷贝的路来走。而在未来十年或二十年，将会有重大的创新机会出现。这种创新会使整个领域里的生产效率有革命性的提高。我们要在这个过程中创造属于中国人的全世界最伟大的企业。我希望通过 PE 基金来找到、发现、培养这样的企业和企业家，这就是我们的目标。

除了分享我的经历、经验，今天还有一个非常重要的目的，就是我们需要人才来加盟这样一个事业。我们这个基金做了一年半左右的时间，一共投资了 13 家企业，基本是在我说的这个价值链上。我们的基金是中晚期的，也正在准备筹建一个早期的基金，所以非常希望能够聚集一些相信这个行业的优秀人才，大家一起探索来共同完成使命。

现在和过去不一样，在网通的时候人家都知道你是大型国有企业。现在到北大也好、清华也好，CBC 到底是干什么的，大家并不清楚，所以说在这里做宣讲不是那么容易，尤其是这个私募股权投资公司，前面是花旗银行，后面是摩根士丹利，怎么跟它们比？

在选择外资还是本国企业的问题上，我不是一个民族主义者，我在国外待了一段时间，知道西方有很多好的东西。要想做简单的、规范的事情，选择西方的企业可能更规范一些。但是要想做大事、复杂的事情，就一定选择中国人自己的企业，因为我们的使命，就是要创造未来的花旗，中国人的摩根士丹利，我们要做西方在一百年前完成的事情。

除了之前谈到的之外，我们这个公司还有什么特点？

其一，虽然这是我第三次创业，这个投资基金跟别的企业有所不同，人数也不是特别多，但是我们这个企业和我之前创业的公司一样，都很注重人与人之间的沟通，并没有太明确的级别限制。所以我的名片直到目前都没有抬头。

其二，我们这个企业还继承了很多国有企业的优良传统。我们每到一定时令，都会发水果和大米，而且把大米寄到员工家里去。这样做的好处是直接把企业的关怀带到了家里，即使你工作再忙也不会忘记关怀家庭。CBC既有西方企业的严格管理，又能把我党的优良传统、国有企业的优良传统继承下来，我觉得这些也是挺好的。

我们现在在北京有一个办公室，香港和上海也有。我们的投资公司现在分成两部分，一部分是做所谓的直接投资，另一部分我们叫做投后管理。其中投后管理很难，我们这个团队一个很重要的价值就是能够把各种各样管理的经验、政府的资源借鉴下来。我们投资的企业中，大部分投资人都非常认可这个价值，而且非常愿意把企业之间的这种数字生态系统建立起来。

后天星期五，我们投资的13个公司的主要管理者将集合在一起，像一个大家庭一样，要做经营计划和预算、人力资源的培训，然后启动2008年的计划。我认为一个好的理念、好的做法，跟股权投资多少并不见得有关系。我在网通时底下分公司100%是你的，人家该不听也不听，你能怎么办呢？相反，如果跟一个人交流得非常好，即使你什么股权都没有，他也给你交钱，请你去他们公司讲课。我希望我们与所有投后的公司都有非常好的交流。

需要说明的是，管理不是我去管你，而是我们成为很好的伙伴，在成为伙伴的过程中，我们把所有过去创业过程中的经验、所有跟电信公司打交道的经验，所有在国有企业积累的东西，都能够毫无保留地，不是以咨询家、麦肯锡的身份，而是以股东的身份，以利益相关者的身份进行交流。所以，我们有两个公司，实际上在做同一件事情，这个事情的目标就是建设数字生态系统。

融资中的对赌协议

1997年10月份左右,我们完成了亚信作为高科技企业的第一轮,也是唯一的一轮融资,1 800万元。但是,我们在这个融资的过程中经历了很多事情。

第一是这个公司怎么估值。虽然我们亚信早期的几个创始人都是博士学位,不过谁也搞不懂。实际上这个模型就是高中的水平,就是算DCF这些东西。一瓶水有它的价格,一瓶娃哈哈纯净水是两块钱,对一个公司,如何估值呢?最后主要是跟孙强谈,亚信到底值多少钱?他说亚信当年的收入是4 000万美元,利润不多,只有200万美元。那么亚信的价值就应该是4 000万美元。我想也有道理。

当时好像就签了4 000万美元的估值。后来一家新的投资公司说这个估值完全不对。风险投资要看未来三年的财务模型,然后进行折现,说我们要用Excel表格来做模型。我也跟着去学做各种各样的模型。之后我拿着我的模型去跟孙强争论,说估价不应该是4 000万美元,应该是8 000万美元左右。他就反问我,一般一个模型要有市场、市场占有率、每个产品的价格,然后是收入。市场占有率一变,估值肯定要变,但是这个怎么不变呢。

最后经过各个方面的商议,我们签了对赌协议。对赌协议是什么呢?就是到了2000年,如果亚信的收入、利润达到多少,他们的股权,就对赌这个价格。

我记得很清楚,在签的前一天晚上,我和丁健住在香港的一个旅馆里,晚上我们都睡不着觉,说这个公司过两天就被卖掉了,孙强这个人也非常强势,跟我们又是讲什么法人治理结构,又要建立什么董事会。我们到底签还是不签这个协议?如果按他这个对赌协议的话,我们到2000年应该是3 000多万美元的净利润,这个有可能吗?我们那天看美国很大的一个数据库公司的报表,好像收入才这么多啊。我们就打电话给刘亚东那几个人问,刘亚东说没问题，咱们以前是从几千美元做到几千万美元，今天都做到好几千万美元，到2000年这个利润率肯定没什么问题。

于是第二天就把这个合约签了。后来等到亚信快上市的时候才明白，这完全是一个不平等条约，这个对赌目标肯定达不到，3 000多万美元的净利润，现在没有几个软件公司能做到的。这个对赌做不到，我们创始人的股权要被大幅度地稀释，这个过程就变成投资的过程，变成后来的创业者和投资团队。这个对赌协议，实际上的价值连4 000万美元都不到，还不如早期接受4 000万美元。

后来像亚信上市之前，华平成为最大的股东，我和丁健的股权已经被稀释了很多。主要就是跟当初那个对赌协议有关。

但是我反过来想，如果当时不签这个协议会怎么样？在我们签完这个协议的两个月之后，亚洲金融危机就爆发了。这种情况下，要想再融资是不可能的。如果没有这样一个1 800万美元的投资到账，那时候，不能说这个亚信会死掉，至少会延期很多，因为当时没有借款的渠道。

作为这样一家系统集成公司，亚信实际上也承担着当时中国互联网很多的梦想，如果没有那样一笔钱，这个建筑师能不能承担下来？如果没有这样一个投资者强迫性地给我们建立了很多规则，要想自己建立一个基本的预算制度、法人治理结构，真是很难想象。

当然到了后期这些投资人起的作用不是太大。亚信本来是做互联网的公司，为什么最后搜索错过了，电子商务错过了，门户也错过了，很多人讲这完全跟投资者有关。因为投资者主导了这个公司，每天要利润的增长，亚信也是较早上市的公司，上市公司也要求这些因素。

● 师 生 互 动 ●

- 问：我想问一下，第一，假设我现在有一个很好的创意，但是我一没资金、二没技术，只有一个好的创意，你们会不会给我这个创意的启动资金。第二，你们是如何来评判这些创业的想法的。

- 答：这个问题比较具体，我就我们这个基金说一下。一般投资基金分不同的阶段，像你谈的就是所谓早期基金，一般属于天使投资或者叫VC这个阶段，它不是我们这个基金投资的范围。我们现在的投资主要集中在中期和晚期，就是帮助已经有收入、有利润的集团进行市场扩张。这里做早期投资最多的有四家企业，就是IDG、金沙江、北极光，还有一个叫程维。这里很多人都跟我有联系。他们投资好几个企业的时候早期就是一个创意。

- 问：田先生我想问一下，当初您在亚信寻找风投的时候，为什么没有考虑向银行去贷款？

- 答：那时候银行没办法贷款，我到了什么程度？我们有外汇，就算把外汇抵押到中国银行贷人民币都不给贷，因为当时第一我们是民营企业，第二银行对互联网公司没概念。所有的银行最重要的都是要你抵押，我拿什么做抵押呢？他说你能不能把你这个软件的产权做抵押呢。后来我们上市之后才从银行贷了一些款，而且基本还是用现金做抵押，也不算真的贷款。

  所以银行很难扮演重要的角色。银行一般都要你所谓的固定资产抵押，要有一块地或者其他的东西。美国在硅谷有一个硅谷银行，也是做一些银行贷款的业务，但风险比较大，和风险投资结合在一起。所以我刚才讲为什么PE或者VC在中国能扮演更重要的角色，就是从这个角度。

- 问：您刚刚提到新兴产业链，手机上的这种软件公司，在这个电信行业里面有很多的小公司。那您对于我们现在的创业有没有一些方向性的建议？如果未来的带宽允许的话，您觉得有一些什么样的点？

- 答：这个点很难说，但是我想做一个比喻。假如我们把中国移动或者中国网通想成一部大型计算机。中国移动有三亿手机终端，中国网通有两千万宽带的终端。而在这样一部大型计算机上，它的计费、网管，就相当于它的操作系统，就像我们用计算机的DOS和Windows

一样,在这样的一个操作系统上面部署各种各样的应用。个人计算机核心的应用是什么呢?一个是 Word——就是打字,一个是 Excel——就是计算,还有一个就是 PPT——就是展现。在这样一个大型计算机的平台上,哪些应用能解决我们日常生活的问题?我觉得可能从这样的思路角度来考虑是一个方向。那具体哪一点,现在短信变成手机上非常重要的核心应用,每个人都离不开短信。手机音乐下一步可能也是非常重要的。我相信办公系统的各种应用跟手机的结合在未来非常重要。

- 问:第一,从 2000 年网络泡沫之后,涌现出很多网络公司。在沉淀之后,只剩下了新浪、网易、搜狐这样大型的门户网站。那么我们现在是否可以设想一下,在目前网站已经基本上就是达到了平衡的状态下,是否还会有一个全新的代表了一个民族奇迹的这么一个门户网站出现的可能性?第二,2008 奥运年如果有这样一个门户网站,它在上线之后,是否会带来一系列连锁的经济反应?

- 答:从更长远的角度来看,我们稍微回头看一下互联网的历史,五年之前 Google 那两个创始人都不知道他们这个公司要不要卖。MySpace 是我们在中国投资的,三年之前还仅仅是一个概念,今天 MySpace、FaceBook,大有取代 Google 之势。我认为互联网这样一个马拉松赛,不能说刚跑一百米,但是也没有跑多远,这是我的第一个观点。

  第二我认为这种重大的商业模式的突破会在手机应用上出现,也就是手机互联网的时代。原因在于,第一这方面中国人数多。第二是手机不受一个统一的操作系统平台控制,像微软的 Windows。第三就是手机的商业模式比个人计算机还要好。实际上在 PC 上你无法知道这个人在哪里。但是手机可以知道你的位置。所以我觉得在手机上的变革会是非常重大的。我们从 CBC 的角度来讲,非常关注的一个点就是手机的应用软件。我们现在已经投了四家公司。当然像你说的，一定要找到一个真正创新的东西，真正能够有这种所谓破坏性的技术。

- 问：第一个是中国的风险投资已经走过了十几年历程，但是却发展得非常缓慢。您能不能说一下其中的原因？第二个问题是在美国的硅谷有非常多的风险投资，政府也给予了一些政策性的优惠，比如说立税的优惠。那么，在中国政府有没有相应的一些优惠措施？

- 答：这个问题也问得很好。中国的风险投资，虽然说有很多，但是真要算一下，目前的这个风险投资和中国的市场容量还是差距很大。尤其是从这个数量和中国的整个金融产品的分布来看，可以有详细的数据，还是非常少。尤其是中国本土的投资，我们大量的无论是IDG也好，还是红杉也好，基本是一个硅谷的风险投资在中国的分布。

我觉得这主要跟两个因素有关。第一是投资者，从20世纪90年代末金融整顿之后，银行、保险公司和退休基金在中国是不允许进行风险投资的。中国的合伙人法，就是要求投资企业这种LP、GP模式。如今法律环境正在迅速地改变，我正在参与发改委一个叫"中国私募基金试点领导小组"的工作组，北大私募基金研究所的所长谢晓峰也在参与。现在基本上未来的方向，就是允许银行、保险公司、社保基金和大型企业投资中国的私募基金和VC。国务院这个政策发布之后，整个LP投资环境就会打开，我相信新一代中国本土的无论是VC也好、PE也好，会很快地涌现出来。

第二个因素是《合伙人法》，它跟税收有很大的关系。《合伙人法》已经公布，但是细节还在制定过程中。像深圳和天津就在非常积极地推动。我明天就去天津跟戴市长汇报，把我们正在做的一个人民币基金注册在天津。天津比较积极的地方是它在金融方面的创新。深圳、上海、苏州工业园都有很多地方的法规来积极支持合伙人企业法。这里面最重要的是解决了双重税收的问题。

- 问：刚才您提到韩国三星的时候，说它有一个完整的产业链，从运营商、终端到内容。但在中国恰恰有这个问题，厂家在做终端，运营商在做一个通道，然后内容这一块儿恰恰是在广电那儿管理运营，由国家来控制。在下一步的计划中，怎么把这几块儿融合起来？
- 答：我现在希望通过采取投资组合的方法来把这个问题试着解决一下。现在我们投资了两个地方的有线电视，就是杭州和宁波的，这可能有一点儿像电信运营商，是接入的。第二方面我们也投资了一些内容的公司，像最近炒得比较厉害的旅游卫视。也投资了很多的软件公司，像12530下载。做一点儿广告。如果你们想听最新的歌，像周杰伦的《菊花台》，可以发短信到12530，然后编辑"周杰伦菊花台"，它就给你下载成铃声，要收两毛钱。所以像这些公司实际上是电信，我们在资金内部的组合里面在做这些事情。但是这个可能也是比较现实的方法，就像你说的，它是跨越了几个部门的管制。

    我理解像早期的所谓托拉斯这种概念，也是通过这种交叉持股。你说他一个家族很大，也很复杂，和一个政府也差不多。这里面靠什么？实际上无外乎分三个角度。第一是有共同的利益，就是你通过股权能把利益保证住；第二呢，还要建立一些感情沟通；第三我觉得可能还有一种理想，无论是国家的理想还是你们这个小团体的理想。三星这个公司很有意思。它们在每年年报的时候会讲，"今年我们三星公司为大韩民国工业总产值贡献了多少"，每年好像是占7%还是多少。所以我觉得这个是它的使命，它用这个东西把大家连在一起了。

第七讲

中国：大萧条后的创业新天堂

熊晓鸽

IDG全球常务副总裁兼亚洲区总裁

就商业模式和资金这两方面来看，我认为在现在这个阶段，一定是资金为王，为什么说资金为王？因为首先要渡过危机，然后再找出自己存在的模式，这样才能存在下去。那些没钱的公司，模式再好，管理人再厉害，也会垮掉。

这一段时间经常收到很多国内国外的电话,因为美国的市场不好,大家很关心我们做投资的情况。我们最近开的年会来了很多人,也是想知道我们这些投资人怎么看待金融危机下的市场。还有人问我们有没有打算卖公司,因为五个投行现在只剩下两个。

我告诉他们的是,在中国的风险投资基金是有点风景这边独好,也从来没有像今天觉得机会这么多,尤其是在中国。

为什么这么说呢?因为其实要谈到金融危机下的机会,最有发言权的是中国。

第一节 创新:创投策略核心

中国经历过上一次亚洲的金融风暴,不仅是平安度过了,而且我们的企业、国家等各个方面变得更强。

金融危机的时代萧条与机会并存。以我们公司为例,从1993年开始,我们IDG成立了第一个基金,是7 500万美元。1997年亚洲金融风暴开始,1999年IDG第二只基金成立,已经发展到1亿美元,在当时已经是很大的基金了。也是在这一年,我们实行了合伙人制。再看我们投的很成功的企业,像腾讯、搜狐、携程、百度等这些公司都是在1998年左右投的,换句话说是在金融风暴开始一年以后投的。

本次金融危机跟上次相比有一个很大的不同,亚洲金融危机时美国、欧洲的金融市场非常好,没有受到影响,股票很高,所以有一个退出的机制。而现在没有一个人知道未来会怎么样,经济学家们、学者们都在预测未来,很多人都在琢磨能不能抄底,人们也都想听听经济学家说什么时候抄底,结果抄来抄去抄成垫底。如果经济学家知道什么时候能够抄底,也不用自己出去做演讲了,待在家里做抄底就行了。

那么当前我们能相信什么呢?我觉得过去的实际经验和教训是可以也是应该借鉴的。打个有意思的比方,这次美国竞选的两个候选者有很多不同。但是有一个共同点,就是每一个人都在说上台以后要找巴菲特做金融顾问,觉得巴菲特比较靠谱。为什么呢?因为他有实战的经验。

从以往的经验和教训来看,当前的风险投资应注意哪些方面呢?我认为重要的一点就是,在中国做风险投资不能看着市场来投,不能看着股票来投。

我们的做法不一样,我们是投了国内的公司在海外上市。中国去年有很多公司上市,在纳斯达克、香港的股市上市,像阿里巴巴、巨人等这些公司都在海外上市。

风险投资公司在去年并没有赚很多钱。如果今年再看去年上市的那些公司,像阿里巴巴,没有哪一家会觉得在它上市前两轮投进去的私募股权基金是一笔很好的投资。因为风险投资也好,私募股权投资也好,都要求:第一,上市有一个锁定期。第二,不能很快把它抛掉。

所以,谈到金融危机的机会,不能短期地看,市场不好、股票不好,就不要去投,但是一定要有一个长期的眼光。做一个投资决定时,不仅要考虑它能否挣到钱,还要看这个行业是不是在投资以后可以继续发展,可以继续创造新的机会。同时还要看它上市后,不管是风险投资撤出,还是其他风险投资机构撤出后，它都能够继续地成长，这是最重要的一点。回过头来说我刚才提的几个公司的例子，正说明了这一点。

我再说大家知道的三个公司，中国早期的，一个是搜狐，一个是新浪，一个是网易。这三个公司都是在公元2000年上市的。2000年上市的时候美国纳斯达克最高达到5 200多点，每一个公司的开盘价都在15块美元左右一股。可是在那个时候没有一个公司知道它怎么挣钱，跟投资人讲故事的时候，都在讲眼球的点击率——现在想想都比较好笑，当时中国互联网用户的人数刚刚超过1 000万。可是到了2003年，这三个公司都开始知道持平，开始略有盈余，后来开始赚钱，也慢慢知道怎么去挣钱。由于2000年下半年出现互联网的泡沫，2001年有"9·11"的原因，到了2003年时股市掉到1 200多点，股票掉到1美元左右。即便这样这些公司还赚钱，原因就是这些公司知道怎么做才能赚钱了。这时没有人再谈眼球、点击率了，中国互联网的用户数也达到了4 000多万。

这说明什么呢？说明了资本市场和公司的盈利模式没有直接的关系，尤其是新兴的产业。所以，我认为这对我们投资的一些公司来讲，恐怕要学会这一点，一定要很冷静地看到这个公司本身是不是赚钱的，是不是有一个很好的商业模式。最好的投资机会不是在很早以前投这个公司，而可能是在公元2003年，股票掉到1块钱，他知道怎么挣钱的时候，那个时候买它的股票可能是最好的机会。

第二节　责任：关注中国创投

中国的风险投资正在发展，但是目前来说，我们的发展时间还很短，真正能用到创投的企业还是很少。所以我觉得这也是我们大家的责任。当前怎么去得到创投的支持是一个非常重要的问题，创投的支持是对一个项目的支持，这是毫无疑问的，但更是对人的支持。所以说首先我们应该把自己培养成一个能够创业的企业家，这样你才能够得到创投的支持。他要看你这个人的品质，看你的创业精神，看你的冒险精神还会看你对事情的敏感，然后看你有没有一个团队。这样他才敢投，要不然你说得天花乱坠他也不敢投。但是你如果要创业，非常好，你有一个好的团队，即使没钱他也是会投的。

实际上我们很多的企业家，包括雅虎的杨致远最初起步也是很困难的，实际上他得到了创投的支持。为什么呢？创投当时很看好杨致远，同时也看好他的团队。我们还有很多成功的例子像史玉柱和张朝阳。所以有创业冲动是非常好的，但是我们要踏踏实实把自己塑造成一个真正能够创业的企业家，这样的人可能能够更好地发展，这是第一个方面。

另外，我们还要培养和关注风险投资家。中国缺少的还是风险投资家。就是说本土的创业投资家非常重要。为什么叫风险投资呢？风险投资是风险非常大的，实际上它的成功率只有20%左右，但是它20%所创造的利润可以把他的损失全部掩盖掉，而且还得到1000%的利润，这就是创业投资家，所以我们现在培养创业投资家是非常重要的。做一个创业投资家，那么如何来做一个创业投资家，这是我讲的第二个方面。

如果有的人做创业企业家，那么你是让人来投的，如果你是投给别人的，那么你就成为一个真正的能够承担风险的投资家。当然前提是你必须要对创投有一定的了解，目前中国的创投具有六个特点：

特点一是中国风险资本和风险投资总量创新高。到2006年年底，中国风险资本总量超过583.5亿元人民币，比2005年年底的464.5亿元高出了25.69%。2006年新筹的风险资本是240.85亿元，比2005年的195.7亿元增加了23%。2006年中国风险投资总额是143.64亿元，这个并不是一个完整的总额，是一个调查得到的数字，比2005年增加了22.17%。那么2003—2004年，中国的创投投资总额是多少呢？分别都是37亿元人民币。

所以应该说这两年,尤其是 2006 年增加非常之快。

特点二是海外风险资本与投资占据半壁江山,本土创投则是边缘化趋势未改。海外资本所占比例从 2003 年的 5% 激增到 2005 年的 33.9%。2006 年达到 43.7%,不到 50%,但是也差不多半壁江山了。外资机构主导的投资额是 109.3 亿元,占投资总额的 76.1%,也就是投资总额的一半多了。

特点三是创投实际上已经从 IT 行业进入到传统的产业。应该说传统产业现在也成为风险投资的宠儿。

特点四是风险投资的对象比较集中于北京、上海和深圳。2006 年投资于北京的风险投资基金占全国的 34.76%,上海占 24.8%,大体如此。

特点五是种子期项目融资水平依旧不足。基本上中国的创投相当部分是投资于成长期或者扩张期的项目,真正的种子期的项目比较少。

特点六是资本市场在风险投资中的重要性如一地展现。2006 年有 62.07% 的项目退出股权或者是股权转让,其中有一部分上市了。所以应该说目前发展势头很好,但是也存在一些问题。

所以说大家有责任把中国的创投做起来,要把它发展得好、发展得快,我们很多企业都需要。

第三节 中国:创投新天堂

面对今天金融危机带来的大萧条,我们有什么机会呢?

第一个机会就是商业模式。当下的话题是谈科技创新,科技非常重要,但是如果谈一个企业,更重要的不是某一个专有的技术,而是商业模式的创新。从纳斯达克上市的二十几家中国科技型的公司来看,有哪一个说是我有一个专利别人不知道的?没有。但是都有商业模式上的创新,而且中间都采用了能够提高它的生产效率、能够提高它的公司竞争力的技术，主要是互联网技术。哪怕很传统的行业，也在使用现代化的、信息化的技术，像服务业等。

很多人也在问我，在金融危机下，商业模式的创新到底什么为王？渠道为王、技术为王还是内容为王？

我可以跟大家说，在现在这个时候，尤其是在中国，大家不用怀疑渠道，我们的渠道很多地方都是全世界 No.1。手机 No.1，5 亿多，差不多是美国人口的两倍。互联网也是，我们的互联网用户到今年差不多达到 3 亿，五年以后可能也是五六个亿，电视更不用说了。

未来一定是中国的内容为王。以电影为例，美国历史上赚钱最多的是《泰坦尼克号》。可是大家知不知道，历史上这个电影拍了四次，每一次都重复这一个故事，为什么重复？可以从一个方面来说明，在美国等西方文化中，能够从题材上找到的内容比较少，还在谈特洛伊木马等这样的故事。而中国则有很多这样的题材、内容，只是我们没有用商业方法把它变成一种盈利。

前几天我在上海参加一个论坛，当时曾经有一个消息说上海要投 500 亿元人民币把迪士尼给引进来，过了几天迪士尼说是假的，上海也说没有这个事。我就在那里讲，迪士尼无非就是当年一个画动画的老头，有这么一个创意，弄出一个东西。在过去的 20 年中，迪士尼没有出一个新的东西。但是它的商业模式很好，这使它能够做得非常成功，它的市值很高。

中国的优势在哪里？今天中国一个前所未有的优势就是有一个巨大的资金储备，国家外汇储备是 2 万亿美元，民间个人外汇储备也是差不多 5 000 亿美元。这时我们的创新，在金融危机时最好可能是在金融方面创新。

那么，我们有什么样的招法能把很好的商业模式和我们手中的钱结合起来呢？我们这方面还没有经验。例如谈到迪士尼，说如果愿意投 500 亿元把它引进来，现在最好的办法只是简单地拿 500 亿元买迪士尼的股票，一定成为它的第一大股东，当它的董事长，可以让它的 CEO 去上海也好，去哪里也好，盖一个迪士尼就完了。

就商业模式和资金这两方面来看，我认为在现在这个时候，一定是资金为王，为什么说资金为王？因为首先要渡过危机，然后要找出自己存在的模式，这样才能存在下去。那些没钱的公司，模式再好，管理人再厉害，也会垮掉。我们一直讲在中国会有很好的发展和未来，能够做很多事情。完全可以利用中国的渠道、内容把市场做好，并不是说我们一定要走出去。为什么这么讲？因为在中国互联网公司已经做得很好，取得了很好的回报，从 1999 年之后全世界融的新的基金来看，回报最好的就是在中国。钱就往这儿跑，管钱的人一天到晚找我们，要我们做这样的投资。

但是有一点，我们现在拿着很多钱，怎么去投？投什么？这是很难做的一个事情，很难选择。从我看来，一定要看好中国的市场渠道为王，很重要的一点。中国有很好的渠道可以来做。就像互联网，现在中国的互联网虽然 2 亿多，到年底是 2.9 亿，可是 ARPU 值，每一个用户能够贡献的销售额只有不到 7 美元。相比之下，美国的 ARPU 值是 100 美元，全球平均是 25 美元左右，就产生一个很大的距离。可是因为我们使用信用卡等，肯定要有一定的时间。怎么样判断这个时间？这是另外一个挑战。

谈到怎么投的问题，两个概念必须清楚，风险投资和 PE。前几年谈 VC，过去两年谈 PE。为什么 PE 在过去几年谈得比较多？其实 PE 和 VC 都是一回事，VC 也属于 PE，属于私募股权基金，只是在它运作的模式、操作的模式上有很大的不同。

我把 V 当做 Vision，因为很多早期的投资，不知道怎么挣钱，这时需要的是 Vision，需要你对未来的判断，敢把钱投给它，就像当年我们敢把钱投给百度、搜狐这样的公司，不知道怎么样，但是未来可能会很好。我把 PE 叫做"产品盈利"。因为做得比较后期一点，或者是 IPO 以前的公司，产品已经都出来了，商业模式都已经固定了，也盈利了，只是在做一个判断的时候，我以多少倍的市盈率把钱投进去，市盈率有多少钱能够上市，到多久能够把钱挣回来。其实要做的比较简单，从计算上学算术就会，一算就完了，看你能赚多少倍，当然你对这个行业的事情要比较了解。这两者是在股市好的时候，PE比较愿意做这个事，比较短，很快就能上市。而股市好或者是不好的时候，都需要VC在早期有Vision、有眼光做这样的事情。

具体到中关村，两种做法必须要共存，必须要一起做这样的事情。你要做一个未来的东西，必须担风险，需要有一些Vision。当然从赚钱来讲，平均下来一定是做VC赚的钱比PE要高。美国的统计也是这样。

所以，为什么很多西方的基金过来，就是想投VC，当然现在也有很多投PE，那是股市比较好的时候。我就认为在金融危机的时候，大家不一定就得说这个好，那个不好，可能都好，问题是看你有没有那方面的能力，你有没有判断做VC的能力。这是你的经验和能力带来的。

第二个机会就是人才，这当然也是中国的一个瓶颈。

大家对华尔街做了各种各样的解释，我在这里的解释就是管金融、做投资方面的人才过剩。尤其是在美国，人必须要找事做，能人多了更要找事做，就竞争，竞争就创新，创新过度了就泛滥，泛滥了就会造成危机。我问过行业的老大，美国做次贷产品，连他们也不知道他们在做什么东西，当然这可能因为公司监管方面做得不够，但另外一个很重要的原因就是人才过剩。中国有一句话：驴多乱叫，马多乱跳，人多乱套。现在中国有这么多钱，可是我们管金融、做投资的人才尤其是有经验的很少，这样政府官员要冲上来做这个事情，这是一个比较难办的事情。因为做投资必须有很多实战的经验，因为做投资最重要的不是你成功的东西（当然成功很好，别人对你有信心），而是过去的教训。你教训越多，学的越多，在未来的投资中就可以避免犯这些错，就像中国说的避免吃二遍苦，受二茬罪。

我做了一个统计，美国做投资、投行的人，高级的管理人员有125万，中国勉强可以说大概7万多人，我们连人家的5%都不到。可是我们手中的钱巨多，怎么管好这个钱，这是一个很大的问题。我觉得有很多很优秀的中国出生的数学学得很好的在国外读 MBA 的人才，也有很多实践经验，这个时候他们应该在金融方面创业，是个很好的机会。

最后一个机会就是创业板。

刚才我们提到一些很好的公司，都是在海外上市的。为什么没在中国上？它愿意在中国上，但是没有办法上，因为没有创业板。像搜狐、新浪这些公司都很好，大家都愿意买它们的股票，可是当时它们在国内根本不可能上市，既没有多少固定资产，又没有满足三年盈利的条件，就只能在海外上市，可是上完市咱们也买不着股票。

十六大和十七大都提到一点，在适当的时候推出创业板。我认为现在美国股市反正也不好，不知道明年还是后年能回来。中国的股市已经掉了60%，它的情况跟国外的还是不一样。一是因为市值比较小，流通股比较少，虽然实现了全流通，真正在市面上流通的还不到一半；二是还是供求关系在股市上起作用。在全世界的股市都掉得很厉害的情况下，这时推出创业板可能是一个很好的机会。

现在，人民币基金投资的公司不能到海外上市，尤其是新基金不可能到海外上市，但是如果在这个时候推出创业板，人民币的资金可以投资早期不赚钱但是我们在未来看好的一些东西，这样就给中国完成了一套创业的机制。走完全过程，最后给大家带来资本退出，来帮助企业融得更多钱，从市场上取得发展的资金。所以谈到金融创新，应该是推出创业板后，体制就趋于完善了。

以上就是这次金融危机我学到的东西，跟大家在这里分享。我在过去几年一直在说中国是创业者的天堂，是投资者的炼狱。为什么说过去是投资者的炼狱？是因为钱太多，好的项目比较少，搞得我们日子比较难受。可是在今天，如果抓住了融资的渠道、退出的渠道，引进更多的人才，在金融模式上有更多创新，中国完全可以成为投资者的天堂。

● 案 例 解 析 ●

风投在中国

首先我们先看看过去的灾难带来什么机遇。

2000年下半年，美国上一次互联网泡沫破裂，我觉得这次破裂的最大贡献，就是使互联网这个行业成为一个赚钱的行业。泡沫被挤掉以后，真正能够赚钱的互联网公司找到了成长之路。像雅虎，像中国的新浪、百度、搜狐、网易等，其实都是通过上一次的挤压长大的。

这次危机中，我说，"中国现在不仅是创业者的天堂，也是投资者的天堂"。我在这里预测，这次经济危机过去后会出现两件事情：一是可以站起来一批第二代的互联网公司。很简单，因为中国还没有一个社交网站是赚钱的，而在国外，MySpace被兼并了，还有Facebook、YouTube等，这些公司能不能存活下去，成为第二代互联网赢者，还是个问号。

二是这次金融危机将促使一些新技术尽快地走向市场，吸引我们这些投资者的注意。比如新能源行业，将吸引我们更多的投资，能够快速地崛起，这可能是金融危机给人们带来的机遇。

很多美国投资者问我们，中国怎么样？我们怎样看待金融危机？我们原来上市、套现的公司，因为股市不好都要退市，这样使得大家少挣了不少的钱。股市不好没有办法。这就要求我们做出调整，更多地要看在中国有些什么样的机会。

除了我刚才谈到的话题，我觉得金融服务也是中国现在很重要的问题。我们有全世界最多的现金。因为过去的出口赚到了很多现金，怎么管理这个钱？怎样使这个钱产生很高的回报？

我过去一直说，中国金融服务跟美国相比，美国人才太多了，人多成灾。而且他们很聪明，大家都在那里竞争，就都去创新，创新过度就泛滥成灾了。而我们中国这样的人才又太少。我们公司内部有一个统计，美国金融界的高级管理人才，能够做投资的有120多万，而中国拼拼凑凑勉强可以够得上同样水平的不到 7 万,能够做 VC/PE 基金管理的人才更是凤毛麟角。可是中国需要管理的现金却比美国不知道多多少倍,怎么来管理这些钱,就成为一个巨大的问题。

早在 2007 年的时候,我们就清醒地看到市场可能会出现一些变化。所以,2008 年 1—8 月,公司进行了 15 亿美元的融资。在过去的 1 个季度,我们对于一些目标企业追加了很多投资。同时,我们也看到股市上出现的一些机会。虽然有些公司的股票不好,但是我们觉得有很好的成长空间,这个时候可能是一个比较好的进入机会。

其实,作为投资人来讲,在这个冬天去做投资是非常好的。任何一个投资公司,他所想要的是能够创造一个很成功的公司,不仅可以帮助这个公司上市,帮助它取得更多的资金来发展,而且能够使它在投资退出后,也能够持续地发展,既给社会创造更多的财富,也创造更多的就业机会,这样才能够成功。

● 师 生 互 动 ●

- 问:很多投资家都说,投资就是选拔人。在今年的经济环境中,你最看重项目执行人的哪种特质?
- 答:我认为,首先一定要对市场很敏感。要贴近市场,要有一定的前瞻性。知道现在有什么样的机会,未来又有什么样的机会。其次要能够很好地与创业者交流。知道他们在想什么,要做什么。
- 问:最近微软花 2.4 亿美元买了 Facebook 1.6% 的股权,相当于 Facebook 已经有 150 亿美元。您对这个事情是怎么看的?一个这么小的公司又没有盈利,为什么微软愿意花这么多的钱去买未来概念的一个网络公司呢?
- 答:跟你说一下,投 Facebook 的投资商是我的合作伙伴,今天他在北京,待会儿还要去见他,刚才很多人也问到同样的问题。我觉得这个东西看微软怎么判断。但是,我认为第一属于 WEB2.0 的,应该说现在还没有哪个真正 WEB2.0 的公司。当然大家都知道 MySpace 卖了 5.8 亿，然后 YouTube 17 亿卖给 Google。那么当年雅虎想出 10 亿买人家没卖给他，现在过了一年的时间变成 150 个亿，当然很吓人。说明这个行业发展得很快，而且那么多的人在做，像滚雪球似的。

当然这种商业模式是不是一定能够成功呢？我觉得还不太清楚。因为它们还没有自己盈利或者说它的商业模式并没有被市场认同，然后上市去，它还没得到市场的一个承认。

举一个例子来说，马云的阿里巴巴取得很大的成功，但是他的 B2C 还没有证明一定能成，因为他现在还是依靠当年雅虎给他很多的钱，不收费在那里做三年。一定是等他三年到了以后，开始收费了才知道是不是能够成功。淘宝是不是能上市，那时才能说明。

- 问：我觉得很多人在问风险投资商问题的时候都提到买公司的标准，就是说在什么时候，以什么样的条件来买怎样的公司。但是我觉得买和卖是贯穿在两个方面的。你们在考虑卖的时候，有没有做这样的一个数据统计，就是假如以你们卖出的这个价格，一直到它今天的一个价格，它的最高点和你们从投资到卖的时候，做一个对比。

- 答：你这个问题很好，我来跟你说细一点儿，因为这个我有很多的感受，我觉得对大家来讲比较有用。有用在什么地方呢？

买卖公司也好，或者说上市也好，实际上都是卖，对我们来讲都是卖。因为上市的目的无非是上市以后变成股票，股票到了一定的时候我卖掉，把钱收回来，对我来讲叫退出。还有一个就是我们把公司卖给你，你就把公司拿走吧，我把现金拿回来了。但是我个人认为，这个卖的方法也不错，但是看你具体怎么卖。上市应该说是最好的方式。为什么最好呢？因为我们在第二次融资的时候，很多出资人不仅说你过去的回报率怎样，他还会看你过去投的这些公司是不是继续存在。比方说我们搜狐的股票全部卖光了，可我投的搜狐还在那儿存在。他们就说你了不起,你买你投的是一个高质量的公司,你们把钱赚回来,它没有你们的钱仍然存活下来,还在创造价值,这是一个好公司。这样的话,对于我们、对于产业、对于社会来讲都是一个好事儿。

那为什么说我们也有一些教训呢?在中国如果说就是用现金全部一次卖断,我们能得到很好的回报,但是对行业并不一定很好。比方说我们卖了两个公司,一个是3721,卖给雅虎成了雅虎中国,当然后来被马云接管了。当然卖了也可能带来坏处,就是雅虎方面的母公司要把它的一套全部拿过来。但是我们已经把钱拿走了,这样的话,原来的创业团队可能不一定高兴,他就走了,像周鸿伟就走了,又搞了一个奇虎。原来这个公司之所以成功,是因为它是一个创业的公司,有它的灵魂在那里,有一个创业的精神和文化。在美国,雅虎也是一个创业的公司,可是一个创业的公司管另外一个创业的公司,就不会是发展和弘扬它原来的创业文化,而是说用一个大公司的文化去套另外一个创业企业,可能对它原来的文化造成巨大破坏,那它就丧失了这种精神,所以做得不一定好。

我还卖了一个公司,就是易趣,卖给了eBay,也遇到同样的问题,邵亦波后来也离开了。公司就照美国那一套做,但又碰上马云的淘宝不收钱,把他们都弄得快死了。但是我们把钱挣回来了。

那么,后来我们学到了一点什么呢?我们后面又卖了两个公司,一个叫框架传媒,我们把框架传媒卖给江南春,然后我们还把好耶也卖给了江南春。但是这次我们卖得就比原来聪明,没有一次性要现金,而且现金要得很少,其余要它的股票,而且设定的方案非常好。所以卖了以后,原来的团队没变,而且不仅没变,框架的一把手谭志,现在是分众传媒的二把手,管整个的公司去了。他原来也在微软做过,在我们的8848也做过,这次运作得很好。那么对于我们来讲,公司没变,创业精神没变,还在拼命把股票弄高,大家得到的回报就比原来一次性拿现金赚的钱多。

我认为，在中国卖公司是我们退出的手段，可能更好的办法是采用跟它的业绩挂钩和它的股票挂钩，更多地看它的未来。

- 问：是这样的，您几次提到创业团队的执行力非常非常重要，就是作为你们风险投资商来说，在极短的时候内如何来判断这个主帅人员及这个创业团队的执行力，除了看他们以往的财务报表之外，另外还有什么方式来看待他们的执行力。

- 答：对执行力当然有一些判断，会听你讲话，听你讲做过的事情，我们也会去做一些背景调查。你原来做过一些什么样的事情，做得怎么样，哪怕是小的事情。比方说我们还有一些偏好，在学校是不是做过一些社团的活动，组织得怎么样，当没当成学生会的干部？其实也是很重要的一件事儿。所以说当上学生会的领导也有一点儿好处。因为一般在学生会做的，你除了读好书以外，你还得多付出一点儿时间做一些别的事儿，这些事情做好了，会使人认为你的组织能力很好，当然这是对学生来讲。

  但是对公司来讲，尤其是有的公司可能失败过，那你先问清它是怎么失败的。如果这个讲得非常清楚，而且确实跟你了解的事情一样，这个事情就不会错。如果掌管公司的这个人成天抱怨都是人家的错，都是他对，那这个人肯定有问题。就是说你会通过一些很简单的事情，从小事儿看到它大的未来，要这样去判断这个事情。

- 问：我觉得IDG在国内做投资的时间非常长，您也积累了许多财富，体会肯定比我深很多。现在平面媒体面临很大的危机，我想请您给平媒指一条路。

- 答：目前全球所有的平面媒体都面临一个挑战，这个挑战就来自互联网。我觉得做媒体的话首先不要想着怎么挣钱，总想怎么挣钱的话可能就永远挣不到钱。做媒体要想到怎样服务，把人家需要的信息，以最方便、快捷的方式给了他，这样人家愿意用你的东西，就会付你一定的钱，使你得到回报。所以说我们现在恰恰相反，不是日子不好过，而是日子越来越好过，在短期内阵痛是肯定有的。为什么说日子好过呢？我们很多的服务都出现在网上，而且不是说现在这种免费点击的，更多的是说人家订阅的定制式服务，你付我钱，然后一些客户给他钱，这样的话他的成本非常低，利润却非常高。

还有一个是在互联网时代，人们可以沟通、可以去对话。但是你永远不能取代人和人之间的交流。换句话说，你越想沟通、越想见面，所以创造了很多非出版的收入。比如说我们马上要开IT峰会，收费很高，而且赞助商也很多，因为大家更珍惜面对面交流的时间。就像大家网恋似的，因为网上恋得越多，越想赶紧见面，是一个道理。所以说模式发生了很多改变。

另外我再跟大家说一个。美国最有名的一个平面媒体叫《福布斯》，《福布斯》就是美国一个家族的杂志，代表着资本家、资本市场的权威杂志，两年前，他们网上的 Forbes.com 尽管只有五年的时间，其收入、利润就都超过了纸上。对纸上来讲它的收益小了，可是网上带来的收入越来越多，所以它的利润还很高，而且用户也很多。还有一点就是纸张也浪费得越来越少。尤其在美国，你们看美国很漂亮的杂志，都是在报刊亭里卖。报刊亭进十本，最好的能卖出六本就不错了，其他40%要拿回去回炉，就成了废纸了。而且这些都是很好的纸，要有很多的森林被消耗掉对吧？

所以说我觉得互联网的时代，网络对平面媒体应该来讲是一个很大的补充。但你要是不改变一定会完蛋，这个是肯定的。而且在这个方面来讲的话，创造了更多学计算机的人群或者是与网络相关的一些工作机会，谢谢。

- 问：您好，我想问一下假设我有一份策划书给了你，得到你的认可之后，下一步我们该怎么去开展工作？比如说像我现在有一份计划书，我自己没有钱，等于就是把自己投资进去了？

- **答**：这件事情是这样，我当然希望你没钱，你有钱也就不来找我了，对不对？那么我们是这样，你拿一个计划书来，我们会对三件事情进行评估。第一，我会看你是针对一个什么样的市场，这个市场是不是足够大，有一个很大的发展空间，甚至是想象的空间。第二，你的产品是不是有一定的创意，有新颖性，我倒不一定觉得你要有什么专利。为什么不一定要有专利呢？我不认为专利有多了不起。而且在现在这个时代，大家知道软件六个月就换一代，没有什么专利可言。所以说创意很重要。第三，我会了解你的执行力，就是你团队的执行力怎么样？就是说想不重要，你的灵感可能占2%，98%的是你的汗水。你的团队怎么样？你一个人是很少的，但是我们会对你进行评估，就是说你有没有办法把一些很能干的人集合到身边来，跟你一起来做，就是"忽悠"的能力很重要。

  那么我个人觉得，尤其是早期的创业，你要付出比很多人更多的代价，所以我会注意除了这些能力以外，比如你的身体好不好？因为很多人想得挺好，但是最后就是出师未捷身先死，那也很不好。那么从你的聪明程度，你要说考到北大来，我考不上，那我觉得不会有任何怀疑，这是很好的一个优势。

- **问**：您好熊老师，刚才听您讲到对现在的文化创意产业比较关注，但文化创意产业在现阶段而言，它的不可移植性太大了。刚才您说您投这个都有三个标准。我们要做产业化，是不是这个标准会有所不兼容，比如说另外一方面会有所倚重一点，或者说看市场现在没有那么大，现在可能就仅仅是我们有这个想法，可能执行力也不是特别强的这种，我不知道您对我们这种学生的创业有没有什么看法。

- **答**：我今天为什么到这里来？就是我希望你们有更多的人来创业。而且我觉得我为什么对文化产业，文化产业的话说起来太大，应该就是讲创意产业，非常有兴趣。兴趣在什么地方呢？就在于刚才我谈到的，其实你说我们投资，也是经常跟着人家的要求跑的。你一定要研究你的消费者是谁，消费者就是人对不对？那从经济发展早期的话，你会注意一些技术方面的，基础的东西，提高生产力、降低成本，这个永远没错。互联网、技术带来的是一种传播上的快速，还有一个是沟通。这样的话，文化创意产业真正是做什么的呢？内容为王。可是咱们内容从来没有为过王对不对？现在是渠道为王。内容为王的话是你出一本书，这本书如果卖得很好，你可以赚很多的钱。可是我们现在有盗版，就是知识产权保护不够。

那为什么说是渠道为王呢？对电视很感兴趣。不知大家想过没有，美国就从来没有，都不懂中国的电视产业为什么每个省要有一个上星台呢？美国就有三个平台，但都是公用的，你节目好你就上去玩儿，大家都可以看。现在每一个省台都有自己的一套，当你出现一个节目的时候大家都可以看，你才要上新台。那平常上星每年的费用都是很浪费的一件事儿，对不对？而且我们自己把自己给束缚住了，一看这个是湖南台，那个是甘肃台，另外一个是江苏台。美国 NBA、CBS、NBC 这三个最大的网络，你们知道它总部在哪儿吗？不需要知道。它是一个全世界的平台，消息好，内容服务好就可以了。这就是一个问题，就是说一定要以内容为王。

那么，我们再回过头来说一下，为什么我有很大的兴趣来想这件事情呢？不知道大家想过没有，我们的大学恢复高考今年是 30 周年。我们这个时代中间出了哪一本小说咱们在座的各位认为是最棒的，能代表这个时代的，它的影响力是超过"文化大革命"以前的一些书籍的啊？现在，我们还在看红色经典的东西，左改编、右改编，折腾来、折腾去的。我再回过头来一想，这些作家有些人连中学都没上过。我们有很多研究生，博士都很多是不是？说明什么东西？应该静下心来，写一写这方面的东西。但是你要形成一些机制，在这里面我觉得有很大的文章可做，这是我想到的。当然要怎么做的话有一些招法，算商业秘密吧，就是琢磨一些事儿。

- **问**：我这里有一个问题想请教您。我有一个朋友在做IT公司，现在是在天使投资的阶段。在他的时间表上，可能明年想要引入风险投资，但他的心理比较矛盾。一方面他认为引入这样的风险投资，对公司的发展可能会有几何级数的加速度的提升，但是另外一方面他有一种担心，就是说大笔资金的进入，包括公司快速的发展，是否会威胁到公司核心团队对于公司未来发展的把控。所以我就是想问问您，当这个钱进来之后，风险投资除了能给公司带来钱之外，还能为公司带来什么样的利益，是否会对核心团队对公司的把控造成某种程度的威胁，谢谢。

- **答**：我觉得这是他最不用担心的，这也就是我们风险投资商存在的必要性。因为我们所讲的风险投资叫所谓的增值服务。这个增值服务就是说，我们除了钱以外，如果只是投钱的话，你不用找我，我也不敢投，我们又不做小股东，又不控股，所以说对公司我们不会有那种管理。

  但是我们首先要关心的是你的引进。假设你来找我，我就会在想，第一我懂不懂这行啊？而且我能不能帮你？当然我愿意学也可以，但是如果我真正不懂的话也不敢投。所以我们一定会把很多关系介绍给他，会想法帮助他。你应该把风险投资理解成为不是你的竞争对手，它永远不是你的竞争对手，而是像一个教练，就是帮助你去成功。当然一流的教练呢，就像体育似的，最想帮助最厉害的、国家队的运动员当世界冠军。我们觉得我们是一流的风险投资公司，我们是国家队的教练。当然还有底下的省队、市队慢慢上来的。但是你一定想找一个特别好的教练，能够跟他交流，不是说他有钱，而是他能帮你什么。我们会想我去能帮你什么，这个是最最重要的一点。

第七讲 中国：大萧条后的创业新天堂

但是，我不是自吹自擂，今天我们在座的风险投资商里说，世界上有三种人是值得尊敬的，要得到社会的尊敬还有人家不恨的，大家都会喜欢、很高尚的职业有三个。第一个是中学老师，因为中学老师，学生成功他会特别地高兴，你以后上到大学、考上北大了不得了，以后再怎样怎样的，中学老师一定是特别特别骄傲，他不会对你造成威胁。为什么不是大学老师？因为有时候大学老师写论文署名署在前面，其实是学生写的，抱歉不好意思。第二个是父母，因为父母永远是为孩子的成功表示真正的高兴，孩子们在父母跟前也一定会炫耀一下，"哎呀！我考上北大了"，"我到光华去读书去了"。那是很了不起的事儿，家里肯定是杀鸡宰羊。父母是很伟大的。

还有一个呢，是做风险投资的。为什么呢？因为风险投资不会嫉妒，你的成功是我投资公司的成功。全中国有大部分人知道张朝阳，没有几个人知道是我们投资的，不要紧。对于我们来讲，我们就是帮助他成功，当然我们也取得很高的回报。但是我们确实不会成为创业者的一个竞争对手。而且你想我管一百个公司，我怎么可能？他根本不用担心我去把他炒了，炒了他我也不懂他公司的业务，没有时间搞这件事儿。所以请你转告你那个朋友，他根本不用担心。

- 问：因为这是一个伟大的时代，昨天也有一个朋友说，这是一个奇妙的时代。其实我是想问您，就是说，您觉得您这一路走过来，是一种什么样的特质使您取得了今天这样的成就。那么对于在座的很多80后，您觉得有什么样的特质，可以来抓住这个时代的机会？

- 答：谢谢你，如果我能知道这些事情也就不坐在这儿了，那就去做算命了。

  但是对这个问题我还是思考过的，可以跟大家分享一下。因为我每年也到学校里面去聊一聊，谈一谈，大家都在谈梦想，我觉得梦想不能考虑得太远，而是要想得比较实际一点。我经常说，你一定要有一个阶段性的偶像，在那个时间觉得谁特棒，就努力成为那样一个人，你就去琢磨那个人是怎么做的，就去模仿他、学习他，我觉得这里核心是梦想的目标要能够得着。这样，你才会有激情，才能够做到。而且在做的过程中间，你会比较开心。

比如，我在大学的时候，记得我学英文，有一次偶然的机会，一些外国的老师跟我们谈话，要我写一篇文章。我写了一篇文章，让他们一下子登在《湖南日报》的头版，给了我七块钱，很多人就说看到了那篇文章。我那时刚读大二，感觉这样也挺好，因为那个时候我们生活补助费才11块钱，人家给了我7块钱，又有很多人知道了我，说我文章写得不错。就觉得又有名又有利，做记者特好，想当记者。但是第一次考研究生没考上，然后在北京工作两年才考上了。

后来我特别想当一个战地记者，觉得到中东特好，还主动要求到中东非洲组。一到那儿分到水均益那个组，他就坐在我旁边。后来老外跟我说，"你不到国外学习，永远成不了最好的记者"。那就出国吧，想办法出国。出国后来做采访，跑硅谷，就知道了一些风险投资的事情，知道了创业者的许多故事，觉得做风险投资的人太了不起了，他们什么都要知道，什么都要去学习，我就觉得这个职业挺满足人的好奇心的。比如说你要投餐馆，就要搞明白餐馆是怎么弄的；你要投酒店，就要知道酒店是怎么经营的。感觉记者做这个职业挺合适，尤其美国有好几个特别好的风险投资家都是做记者出身的，于是我就决定我也去做这个事儿。

但是，我跟大家说，马云当年读的杭州师范，连杭州大学都没考上，但是这个人很有毅力，很聪明，很肯学，当了六年老师，挺不容易。他也没想过，那时候他不可能想到要去做阿里巴巴，也不知道做电子商务。现在成为中国乃至世界都知道，中国搞电子商务的马云，这就是时势造英雄。

可是如果没有中国，没有互联网，我想也没有马云吧？所以我说人还是应该有一点儿理想，有一点儿梦想，但是别想得太远，得稍微近期一点儿，够得着一点儿，脚踏实地地去学。

所以，最后总结一句：在这个时候，中国是创业者的天堂。在座的各位北大骄子都是各个地方的才俊，都挺了不起，比我聪明很多。我觉得大家都比马云聪明，对不对？马云连杭州大学都考不上呢？所以说，你们都有可能做出一个比阿里巴巴更厉害的企业来，只要你们自己努力。当然也希望你们来找我一起创业。祝大家能够成功，追求你们自己的梦想。

第八讲 科技企业与自主创新

张景安
科技日报社社长

早在20世纪80年代，美国兰德公司就有一份报告指出，只有技术独立才能经济独立，进而政治独立。就是说，技术不仅是经济的，而且是政治的。在一定的条件下技术可以引进，但是创新能力不能引进，因为当你引进某项技术的时候，可能这种技术在国外已面临淘汰，我们开始将技术投入实际生产的时候，其实已经落伍了。

第八讲 科技企业与自主创新

很高兴第二次来到北大 MBA 班，和大家一起就科技创新进行交流，由于多年来，参与了较多有关科技政策与法律、科技体制改革、风险投资、高技术产业化等的研究工作，今天就相关研究课题向同学们做一个汇报。因为现在正召开十七大，我就对演讲内容稍作修改，围绕"我国民营科技型企业的创新发展情况和政策建议"这个主题，分四个部分，进行讨论。

第一，自主创新——建设创新型国家是十七大提出的一个战略性任务；第二，对我国民营科技型企业的发展做一个回顾和介绍；第三，着重谈民营科技型企业创新的一些瓶颈问题；第四，是若干政策建议。

第一节 自 主 创 新

我们通常所说的民营科技型企业是指科技人员创办的企业，在国外，比如硅谷的企业其实就属于民营科技型企业。我们国家由于改革中形成的特殊情况，资产比较复杂，所以许多民营科技企业是单位办的，如四通、联想、方正。四通就是由科技人员自办，但是从人民公社借了一点儿钱，因此这个资产本身的归属还需要界定，可以说是"中国特色"了——我在和国外一个资产专家讨论的时候说,这个问题是一个发展过渡期的产物,对中国人说清楚挺难,让外国人听懂就更难。不过现在就很少能看到这样的问题了。联想是由中科院计算所创办的,经过了这么多年的改革发展,现在资产状况较成立之初有了很大的变化,但从根本上看,它仍属于民营科技型企业。方正是北京大学的企业,也属于这个范畴,但北大作为一所大学又是一个公益性组织,是属于国家的,这一点在全世界都是一个特色;还有一些民营科技型企业是由科技人员借钱或用自己的积蓄创办的,

就是在这种复杂的情况下,过去二十多年来,中国科技人员培植出了一个高科技产业群。而作为产业群的基本元素,民营科技型企业是自主创新、发展高科技产业的最主流、最重要的力量。即便是现在享誉世界的联想、华为,基本上也都是由这一类企业发展而来的。他们具有极大的增长活力和澎湃的潜力,同时也是时刻面临风险的一类企业。

党的十七大提出要加速自主创新、建设创新型的国家,要用15年的时间逐步消除对国外技术的依赖,要靠自己的技术来发展本国的产业。为什么有这样的提法?因为现在我们95%以上的企业没有专利,基本上是靠别人的技术来发展的,这是不可持续的。要实现这一奋斗目标和战略任务,将是另外一场战争,也是我国面临的一个重要转折。因此,我们今天学习十七大和研究民营科技企业,有着很重要的现实意义。

改革开放以来,我国取得了举世瞩目的成就。但是进入新时期,我们遇到几个不容回避的问题。首先,为实现小康目标,在今后投资不变的情况下,科技进步的贡献率必须由现在的39%提高到60%,几乎还要翻一番。现在的投资比例是相当高了,投资拉动,出口导向。但如果创新力不提高到60%,就是以这样的比例都实现不了小康,所以必须要自主创新。

第二个问题是我们人均自然资源和能源严重不足,使"可持续发展"面临严峻的挑战。我国人均淡水资源只有世界人均淡水资源的1/4,石油资源是世界水平的1/17,天然气是1/13,耕地是1/3。由于长期以来我们都是粗放式经营,所以加重了资源消耗和环境污染。改革开放以来,我们走

过的是一条"三高一低"的道路，即高投入、高消耗、高污染、低附加值。当年走这条路是因为发展快，可以在短时间内走完其他国家几十年、上百年才能走完的路，不过现在再靠这条路发展下去就难以为继——不仅不能再这么做，而且还要把以前欠环境的账还上，就是要边发展、边治理、边优化，既要发展经济，还要找回原来的、适合人类生存的空间和环境。

第三个问题是当前国际竞争力的决定因素是自主创新。在全球化和知识化并行的进程中，我们面临日益激烈的竞争，如果不积极主动地增强自己的自主创新能力，我们就很难把握主动权。现在全球范围内86%的研发投入、90%的发明专利都在发达国家手里。大家知道专利是可以制造垄断利润的。发达国家目前掌握了大量的高端科技，使发展中国家必须为获得全球同步的新技术体验而支付大量的专利费。而我们想要从全球经济一体化的大趋势下分到自己那块"蛋糕"，就只有跟人家拼资源和人力。这种模式在特定的历史阶段可以实现较快的发展，但缺点是不能持续。现在我们就到了这个转折点——当人均 GDP 达到 1 000 美元左右，我们走出了低收入国家的行列，老百姓的消费结构面临升级，相应的行业结构也到了调整和转型的时候。

早在 20 世纪 80 年代，美国兰德公司就有一份报告指出，只有技术独立才能经济独立，进而政治独立。就是说技术不仅是经济的，而且是政治的。在一定的条件下技术可以引进，但是创新能力不能引进，因为当你引进某项技术的时候，可能这种技术在国外已面临淘汰，当我们开始将技术投入实际生产，其实已经落伍了。这种恶性循环让我们付出了很大的代价。因此，现在这个阶段，各个产业体系应该通过消化吸收国外技术，进而通过再创新转化为自主的知识产权，这才能实现历史赋予我们的任务。

在此前提下，建立自主研发的平台，进行自主创新的实践就凸显出其重要性。中央对自主创新的分类包括三个层面，一是原始创新，二是集成创新，三是引进再创新。这是基于中国的现状而做出的英明判断。

而我的观点是，引进只能缩小差距，创新才能决定未来。什么意思呢？

就是改革开放以来我们的实践证明,当一个国家经济落后,跟先进国家差距很大的时候,引进是一条捷径。这时国外也不设防,就可以多快好省地缩小差距。多年来中国经济之所以能取得辉煌成就,重要的一点就在于我们制定了正确的引进政策。比如七八十年代也有人提自主创新,但那就像是把不会游泳的小孩投到江里,肯定是不行的。因为那时候我们的企业利润不多,而创新是高投入、高风险的。所以说企业的发展有着客观规律,自主创新更有它的客观规律。但我国现在经过了几十年的引进合资,与发达国家相比,创新差距逐渐缩小,更重要的是,竞争对手认为我们的发展会影响到他的利益,在这个阶段你再引进几乎是白日做梦。

所以当前再引进是不行的,是无法立国、无法持续发展经济的。这跟当年的情况不同。也许有人认为,当年可以引进,现在也可以引进。但事实并不是这么简单的。

做企业的人都知道,当年引进一个项目、通过引进的项目发财是非常容易的。但世易时移了,新的阶段具有新的特点。所以选择自主创新,建设创新型国家是大势所趋、势在必行。从改革开放初期的大规模引进、合资到今天的自主创新,我认为这是中国在不同的时期根据不同的情况所制定的不同的发展战略。这也符合一切从实际出发、与时俱进的科学发展观。所以今天对于中华民族来说,你再依靠引进就难以为继了。自古华山一条路,只能选择自主创新,而且自主创新是这一代人的历史责任,我们不能把这个责任留给下一代人。

按照中央的要求,"自主创新"起码要符合以下四个指标:

第一是对国外技术的依存度要在50%以下。第二是在企业发展中技术进步的贡献率要达到70%以上。第三是研发经费要达到2%以上。第四是发明专利要在世界的前列。要通过15年来完成这样一项任务,这是我们建设创新型国家的任务。

所以,我今天为什么要讲这个问题呢?要完成这样的任务就要靠自主创新,民营科技型企业从它诞生之日起就是自主创新,它没有多少钱,就是靠知识、科技发展起来的。因此今天我们研究民营科技型企业,对我们国家的自主创新,对实现产业结构的调整和升级,对发展高科技产业,对21世纪的全球化竞争都有重要的意义。

第二节 创新先锋

改革开放以前,中国的企业除了农村有少量的家庭企业之外,私营的非常少见。这一点和国外有很大的区别。1980年的时候,中国科学院有"二陈",一个是陈景润,攻克了"1+2"的哥德巴赫猜想;另一个叫做陈春先。他们两位都是当时年轻的学者。

那时正值改革开放之初,中国科学院组织年轻的科学家到美国去考察。陈春先他们几个人到硅谷去看,看到了生机勃勃的创新,他认为中国要迎接竞争,中国有一部分科技人员就要走进市场去竞争。回来以后他就写了一个报告,准备带头创业,得到了中央的支持。现在陈春先已经去世了,他的企业也没有成功。但是在他当年所开辟的道路上,中国民营科技企业蓬勃发展,已经成为我国经济发展的主要力量之一。

我手头有一组数字。到2006年,我国已经有民营科技企业15万家,资产达7万亿元,员工200万人左右,每年给国家上缴的税金达几千个亿。像联想、华为、朗科、中星微等,都已经在各自的领域取得了很大的进步。比如中星微,其摄像头主控芯片产品占有率已是世界第一,成为中国留学生创业的一面旗帜。再比如方正激光照排等一大批高科技企业,在中国经济发展中都是最活跃的力量。

纵观中国民营科技企业几十年的发展,可以发现呈现空间集聚和产业集群两个特点,硅谷就是这样的情况。中国有54个高新技术开发区,也叫科技工业园区，其实是中国借鉴硅谷的经验，搞一个局部的优化环境来吸引科技人员创业。所以这些高新技术开发区大多位于大学周围，或者说智力密集区的周围。在这些高新技术园区里面，民营科技企业占到了80%以上，达4万多家——其中还不包括合资企业和引进国外技术的企业。我们统计的都是科技人员自办的高科技企业，出口创汇已达1 000亿美元，每年缴税也是1 600亿，这都是相当大的数字。

民营科技企业既是我国技术创新的主力军，又是大企业的摇篮，它的发展跟国际情况相类似。美国80%以上，像苹果、微软、思科、Google这样的企业巨头都是由创新型小企业起家的，后来带动了整个行业的发展。欧盟一些小企业的人均创新成果是大企业的两倍，单位研发投入产生的成果是大企业的3—5倍。即使在美国这样的国家，80%左右的研发投入、80%左右的创新成果还是由民营科技企业实现的。

我国民营科技型企业起步较晚，刚才说到1980年才开办第一家。但是发展较快，例如北京中关村和上海张江——上海张江更能说明问题，张江在20世纪末还是一片荒地，短短几年间已经成了一个以生物医药和集成电路设计两大集群为主的高科技产业群，发展非常迅速。当年有人说，张江一分钱税收都没有，现在看来，仅去年的个人所得税就60多亿，一下子把过去的投入全都赚回来了。至于北京中关村现已成为一个世界著名的创新高地，已经有多家公司在纳斯达克上市。

当前，我国65%的发明专利、80%的创新产品都来自民营科技企业，它是以有自主知识产权的新兴产业来制造新的经济增长点，对于我国加快经济结构的调整，实现经济方式的转变，增强国际竞争力，迎接知识经济的挑战有着巨大的贡献。

所以，我们今天必须在鼓励自主创新方面多多研究、多多支持民营科技企业。同时必须强调，自主创新绝不能关起门来搞，而是要在一种开放的条件下实践。高科技创新的特点是必须开放，而且必须与竞争对手进行合作才能发展。如果不与竞争对手合作，不从竞争对手那里获得信息和资源，我们的企业肯定要被淘汰。而科技创新企业要在科技成果商品化、科技商品产业化、科技产业国际化"三化"中进行，注重国际化。

无论如何，中国民营科技企业要想保持可持续发展都必须敞开胸怀走向国际化，应该向微软、Google 这些以创新为核心竞争力的全球型企业学习，学习如何在竞争中不断积蓄创新实力，这于国于民都至关重要，也是我们培育有自主知识产权的民营高科技企业并使企业做大做强的关键。

孕育更多的高科技巨人不但能带来新的经济增长点，还能为我们调整经济结构、转变经济增长方式带来动力。我们要把中关村和所有的开发区都建设成为"中国的比尔·盖茨的摇篮"和创新的圣地，那才能证明我们的工作做好了——据说比尔·盖茨上次来中国时说，下个比尔·盖茨可能出现在亚洲、出现在中国，这是对我们最大的鼓励。看好我们祖国，说明我们中国有希望。这就需要我们加快创新的步伐，加快培养中国民营高科技企业，加快制度建设、基础建设、文化建设，这样才能使我们创新的幼苗茁壮成长，长成参天大树——世界银行和斯坦福大学的研究报告认为，中国创新环境的改善得益于中国高科技开发区的发展。在中国高新技术开发区工作的朋友真是在这方面付出过很多的努力和尝试，并取得了巨大的成绩。同一份报告还认为中国创新环境的改善对世界的创新也有贡献。

第三节　创新羁绊

民营科技企业往往要靠创新起家，所以它们的特点是高风险、高收益、高增长潜力。与传统的企业相比，它们面临更多的发展机遇，但威胁其生存的因素也很多。例如，许多人知道，民营科技企业诞生之初会走过一段"死亡谷"——根据美国的一项研究，大约有 50% 的民营科技型企业在创立3年内就会夭折。剩下的50%的企业,又会有50%熬不到5年便消失,所以最后幸存的企业只有原来的25%,即便如此,幸存者中也只有少数能够熬过行业调整或经济萧条的严冬。所以民营科技企业大量地夭折,既是技术创新资源的浪费,也是对创新精神的一个打击。

当前我国大约有15万家民营科技型企业,其中大多数都只能是自生自灭。当然政府为这些企业提供了一个环境,也就是小平同志所说的改革开放的大环境,这诚然很伟大。但足够吗?

民营科技型企业迫切需要一个对自身发展而言更有利的环境——特别是有助于提升抗风险能力的环境。而制约这种环境形成的瓶颈因素有很多,我只举几个因素说。

首先是融资体系不完善,也就是钱的问题。目前在国内高新技术开发区,软件业创新已蔚然成风,许多年轻人创办了自己的软件企业,但由于资金问题,大量的软件企业怎么也长不大。和我们开发区相比,美国硅谷有两个优势。第一是把"想法"变成企业非常迅速,第二是把小企业变大非常迅速——2000年3月还处于互联网泡沫破裂期,当时我正在硅谷参加一个学术交流。一些与会者说,互联网泡沫的破裂可能会影响到硅谷小企业的成长,因为几个月来已有数以千计的企业倒闭,很多的风险投资商也变得谨慎。但就在那样的形势下,Google迅速成长起来了,很快地,公司市值就达到几百个亿,比一些历史长达几十年、上百年的公司的市值更高。

但是,我们国家还没有一家企业能在三五年内达到如此大的规模,成长得如此茁壮。好多创业者都在问苍天、问大地:"我们为什么长不大、长不快?"问题之一就是融资体系。企业和融资渠道之间的信息不对称,商业银行往往不敢轻易贷款,同时我们的资本市场体系也不符合要求。新浪等三大门户网站如果不是从美国的纳斯达克输血早就危险了。所以中国首先要改变资本市场,这不只攸关民营科技型企业的未来,还关系到中国自主创新事业的全局。缺乏健全的风险投资体系和完善的资本市场,这是制约企业实力壮大的最大问题。

由于我们的资本市场不够格,有抱负的企业通常无法融资,而大量的高科技企业想实现盈利都需要好几年的周期,不可能一开始就日进斗金。而且针对高科技企业的风险投资往往要分几个融资阶段,比如说初创期、扩张期、成熟期,企业的需求都不一样,初创的时候如果投 50 万,扩张时可能就要 500 万,而发展到成熟可能需要 5 000 万,递增差不多要十倍。如果在某个阶段,因为企业没能实现盈利就不投钱了,那不但企业死了,前期的投资也打了水漂。

比如三星,十几年以前,全世界谁知道有这家企业呢?但是三星将 25% 的经费用于研发,是全世界研发经费比例最高的企业之一。中国企业里,像华为达到 5% 就已经是不得了了——但是三星最初连续 7 年亏损,董事会却很有远见卓识地让它即便亏损还能生存,最后它全还上了——长达 7 年的时间,如果三星在中国,那早垮掉了。台积电也是一样,创办初期连续亏损,但每年都保证 15% 的研发投入,现在的台积电发展得很好。

当前国内的企业中,国有大型企业每年能保证百分之零点几的研发投入就不错了。而愿意创新也敢于创新的民营高科技企业虽然重视研发,却没有资本市场的支持,企业自己也不会印钱。所以资本市场的瓶颈是最大的问题。

第二个问题是担保。目前,国内针对成长性民营高科技企业的担保普遍规模小、形式单一,银行权利也不对称。虽然一些开发区办了担保公司,却不是很成功,没有成为中国高科技企业发展的支撑点。所以,如何为中国民营高科技企业创新作担保?什么样的担保体制、机制和法律环境既符合中国企业成长的需求,又符合我们国家的政策?这样诸多的问题还摆在我们面前,尽管国务院做了许多相关工作,但真正解决担保问题可能还要很长时间。

第三个问题是研发税收政策——由于企业研发只有通过交易才能获得补偿,这就造成了民营科技企业研发、开发动力不足。十几年来,我们采取了很多措施,如对符合"四自"要求(自筹资金、自愿组合、自主经营、自负盈亏）的企业研发活动给予了一定的减免税优惠，现在高科技企业也有"两免三减半"、研发抵扣等政策。但由于我们的税收、生产型增值税是抑制研发的，很多措施最终无法实施。

除税收外，在鼓励创新的财政政策落实方面也存在诸多问题。首先，公共财政对种子期的企业创新活动支持不足。我们曾搞了一个创新基金，实际上每年支持了1000个最好的创新企业。相对于国家经济结构要调整，要发展新型产业，每年支持1000个企业根本解决不了问题。

其次，是政府采购。在美国，政府采购也都有力地支持了本国企业的发展。但国内的政府采购遇到了一个很大的问题——如何既符合WTO的规则，又能体现对本国新兴企业的支持，这需要一个结合点，还要不影响竞争。高科技要靠竞争发展，如果你只是保护企业，而不是把它放在竞争的环境下发展，那这个高科技企业就是死路一条。越保护越差，久而久之就没有竞争力了。

第三，是机会问题。民营科技型企业能否和国有企业享受同样的发展机遇？如今，民营企业的处境还很窘困，发展困难重重。这也说明我们政府的工作做得不到位，但更重要的，只有一个平等竞争的制度环境，才能使我们的创新企业茁壮成长。

第四是知识产权问题。近几年中国在知识产权方面做了大量的工作，应该说进展非常大。但是我个人认为，目前我们很大的问题还是保护不力的问题，还是知识产权制度的问题，还是不尊重企业知识产权的问题。而且社会舆论也很奇怪，侵权的不法分子好像是侠盗，维权的企业反而要受千夫所指。这都是不正常的。盗版现象和低级模仿太多，使企业为创新而投入的成本得不到有效回收，这样大家就都不创新了。

有一次，我跟一位高科技企业家出差。他告诉我，他们搞了一个财务软件，是全国最好的，花了七八千万，找了很多高手做得非常完美，估计能够盈利，而且已经上市了。结果我们到机场就看到这个软件了，不是他生产的，是别人印的，人家印的还有防伪标志，他的还没印防伪标志。价格只卖几十块钱。后来我们就找知识产权局局长,又找工商局局长,查了半天都没查出来是谁干的。所以他根本无力保护自己的创新成果,更没能赚到钱。这样,这个企业压根不会有持续发展的能力,更何况是软件产业?

所以在当今,国家和创新企业都急需完善知识产权保护制度,要把知识产权制度和财务制度、人事制度提到同等重要的地位。在高科技时代,最有价值的可能不再是厂房、设备、流水线,而是知识产权。我们只有尊重知识产权,才能创造更多的知识产权,更多的专利,我们的民族才有希望——一个智慧的民族是创造知识产权的民族,而不是盗窃人家知识产权的民族。

第五是构筑产学研相结合的创新体系。这个体系应该以企业为主体,是我们建设创新型国家的突破口——因为即使是世界上最大的企业也不可能全盘掌握整个行业的信息,也要跟同领域的大学、研究机构保持密切的联系、沟通和合作。这种互动创新既是当前竞争的需要,也是未来竞争的趋势。

目前我国企业普遍创新能力不足、资源不敷应用,这就更要和同行的研究机构、大学建立联系。这种联系必须以企业为主体,以市场需求为基点。目前我们已制定了很多的政策来促进产学研联合,来逐步创造更多的专利、更多的核心竞争力,来逐步实现我们的创新愿景。

必须说明的是,即便将来我们成功建成了创新型国家,每年有50%的核心技术由自己创造,那也还是需要引进我们需要的技术和产品,毕竟中国不可能所有的方面都比别的国家强,因此引进还是长期的战略。问题是有他引我、有我引他,大家互相引进、共同发展,这样才是合理的。所以要正确对待引进与创新的关系,这样才能实现真正的可持续发展。否则什么都关起门来自己造,那只能把我们和人家的差距越拉越远。

第四节 推进创新

第一个建议就是发展风险投资，完善资本市场，这是影响民营科技企业发展的一个最大的问题。撒切尔说了一句话，说英国目前在高科技领域落后美国十年，并不是英国的大学差、教育差，也不是英国没有人才，而是缺乏风险投资市场。这个观点对我们国家来说也有一定的借鉴意义，而且高科技创新对资本市场的需要比人家更迫切。所以我们还是呼吁加快创新板、推出创业板，现在我们的中小板还不是创业板。现在的《证券法》、《公司法》，在这方面都有了很多的发展，但是还要完善、还要加快。

几年前，《人民日报》就登了我一篇文章，说创业板不能再拖下去了，这么长时间了还要拖。现在可能好一点儿了，十七大以后这个事情可能会有所发展，现在已经是决定了要上。关于这个问题我跟证监会建议，现在股市最热的时候推出来它比较好，股市跌了，快倒了，一推出来就瞎了，现在推出来没准还降一点儿泡沫，对大家都有利。他们说还行，但是当时没办，我觉得是错过了一个机会。股市猛炒的时候你把创业板一推出来，创业板没准也带起来了，没准泡沫还能少一点儿，这个真是一个机会。

再有就是三板试点，就是不上市企业的股权交易市场，这个更复杂。硅谷是少数企业上市，大多数企业、创新人员都靠卖技术保持发展。按照美国麻省理工大学斯隆商学院的观点，一个科学家、创业者，一般很少能过渡到职业企业家，及早把技术卖掉是很明智的，像比尔·盖茨那样的例子全世界范围内都很少。但是中国这些科技人员可能有好几项技术，差的技术卖也卖不出去，好的技术他留着自己慢慢弄。弄了几年基本上都没弄出去，结果时间耽误了，技术过时了。最终默默地创造、默默地淘汰，所以，技术转化的观念也值得思考。一方面技术开发人员要舍得卖，另一方面要有市场。所以我们的三板两个方面都有问题。

第二个建议是健全民营科技企业的信用担保体系，改进税收激励政策，完善财政政策对创新的鼓励和支持政策，实施知识产权战略，促进民营科技企业参与国家的重点项目和技术创新的合作。

我国的863、973计划，不仅民营科技企业都可以同等参与，而且参与合作到现在做得也挺好。方正和联想一直都有合作项目，现在中关村的很多民营高科技企业也拿到了国家的重点项目，都进展得很好。

最后我就强调一下科技园区的问题，因为北京大学就地处中关村高科技园区。中关村高科技园区通过近几年的发展，聚集了一批高科技的人才，也有一大批国外的研发中心，又有大学，又有研究机构，已经具有国际化的创新资源，成为我国民营企业创新的一个高地，几乎可以与美国硅谷齐名。所以如果我们能够加大对它的支持，让更多的人才在这里互动、创新，肯定会出现更多的奇迹。

十七大提出了建设创新型国家战略，为中国创新型企业和经济发展创造了新契机。只要我们群策群力，不断完善政策环境，捍卫知识产权，使民营创新企业提升核心竞争力，进而成为我们国家的核心竞争力，就必然能够在未来创造更多的辉煌！

国家创新政策催生的新型创新力量：微软研发中心

我衷心欢迎像微软这样的企业将研发中心设立在中国。因为多年前我们从国外引进的都是一些会造成污染的企业，不能在国外生产了，就希望到中国来利用我们廉价的土地、人力资源，以及宽松的环保政策来保持企业发展，最终把我们的水源和空气污染了。而跨国企业把研发中心设到中国,我觉得有三个优越条件。第一是中国有巨大的人才优势。第二是中国有巨大的市场优势。第三是中国还有相对的价格优势——现在中国的人力资源还比较便宜,比美国的工资便宜很多。因此,这个阶段有可能吸引来更多的研发中心。吸引研发中心到中国来对我们也是一个机遇,而且我认为只有今后若干年这一段时间可以吸引。此前此后都不大可能。我们不能错过这个千金难买的好机会。要知道,好多先进国家都反对把研发带到中国来。他们总是说,制造业已经拿到中国了,研发再拿到中国,那我们还剩什么?这个问题也值得我们深思。

另外一点是,推动高科技产业不断发展的一个动力正是竞争。如果他们把研发中心放到中国来和我们竞争,对中国比较有利;如果我们到硅谷去,则难度比较大,在人家的地方竞争,对我们而言风险更大,成本更高。所以这件事情无论从哪一方面来说,对中国都是有利的。更重要的是,研发中心在中国,就必然会为中国培养好的人才。只要本土人才的水平高了就好办了——如果我们的人才都是世界一流的水平,还怕创新搞不上去吗?现在研发中心到中国来,对于在竞争中培养一流人才是非常好的一件事情。所以总体来说,全球研发资源向中国集中,要远比当年吸引那么多带来污染的企业强得多。虽然我们不能否定当时那些造成污染的企业也给中国经济带来了好处,但研发中心到中国,比污染企业带来的好处更多。

● 师 生 互 动 ●

- **问**:刚才张社长提到一点,关于企业的死亡谷问题。我知道咱们国家在认定高新技术企业和研发机构的时候有一个规定,这些企业的有效期是两年,两年以后必须重新认定。那么可以设想一下,一个新的科技机构,如果被认定为高新技术企业和研发机构的话,必须在两年之内达到非常苛刻的标准,有固定资产的、有技术型收入,等等。但是我们都知道,企业在刚刚创立的最初两年左右,生存是第一位的。在这种状况之下,如果要达到这个高新技术企业的标准,途径我觉得只有两条，第一条就是想方设法引进技术，第二条就只有作假。所以我希望能够借助这样的一个机会，向有关部门呼吁一下，在最初两年对高新技术企业进行复核是不太合理的，我不知道说清楚了没有。

- **答**：我们的高新技术企业是创办两年免税，所以申请这个高科技企业都是为了免税用的，创办的头两年是免税的。而且引进的不免税。

- **问**：请大家允许我多花一点时间把这个问题说清楚。我相信各位对高科技企业，或者说高技术企业是有比较浓厚的兴趣的。我现在就职于一家科技型企业，我们企业拿到了两个资质，一个是高新技术企业资质，另外一个是研发机构资质。这个是有关问题的部分。两年以后，企业要进行复核，复核的时候有一些硬性的指标，比如说固定资产的投入、技术性的收入要达到多少。那么我的问题就是，科技型企业在创立的最初两年，在巨大的生存压力之下，如果要达到高新技术企业和研发机构的标准的话，那是非常难的一件事情。

- **答**：你讲的情况可能是地方的土政策。国家没有这个政策，国家的高新技术企业没有这些规定。那么它的标准是什么呢？研发的这些投资，研发机构不必认定的。国家也没有研发企业这个系列，只有高新技术企业认证，高新技术企业认定以后它有两年免税，并且颁发一个证，国家对高新技术企业审核有三个标准，一个是你必须有自主知识产权，自己研发，引进的不算高技术企业。一个是没有什么别的投入，只有研发人员、研发经费方面的投入，别的没有。一个是高技术产品（服务）收入比例符合要求。这个政策是我当年定的。中国高新技术的企业的标准就是这三条。而且国家部委不做认定，只由省里来认定，我们印好这个条例给各个省市，登记表随便填，只要够格了就可以填一个审核通过就免税。

研发机构不是企业啊。企业是企业，怎么申请研发机构呢？你这个是哪儿的土政策？北京市规定的这个研发机构是什么意思呢？就是说，企业可以申请这个研发机构的资质，这是北京市科委规定的。目的在于，鼓励企业技术创新。如果企业得到这个研发机构资质，收入被认定为技术收入里面的特定收入，就可以免5万的营业税。

现在国家规定的研发投入，是税金的150%，比那个优惠，都可以了。现在不是《人民日报》也登了吗？我们创新政策鼓励所有的企业研发，你研发的税金抵扣不仅今年可以用，而且第二年还可以用。

- 问：张教授，我有两个问题。第一个问题，为什么有这样一个现象，自主创新雷声大，但是只下冰雹不下雨？第二个，现在是创业环境营养严重不足，尤其是针对个人创新。

- 答：你这两个问题，我先回答第二个问题，第二个问题非常好，我们就是要让小企业能够得到支持。第一个你说雷声大、雨点小的问题是存在的。我们现在也在呼吁这个问题。我觉得这位同学对创新，尤其是对小企业满腔热情的支持，这是非常好的。如果我们大家都这样满腔热情地支持小企业创新，我们国家就大有希望了。我今天通篇也是支持小企业创新。实际上全世界现在60%、70%以上的知识产权都是小企业创造的。我们现在的开发区就是为小企业能够茁壮成长提供的一个乐园和沃土。

- 问：张社长您好，我的问题是中国人才创造出来的知识产权，为什么就没有世界顶级的？

- 答：这个我们正在研究，可能是我们有一个过程。因为我们改革开放才28年，跟国外的差距很大。但是现在正在逐渐地缩小，可能未来15年，就是我们中国走向世界前列、出现世界顶尖级成果的阶段了。所以比尔·盖茨在中国说，下一个比尔·盖茨有可能出在亚洲，有可能出在中国这样的地方。

- 问：那为什么美国学者会创造出那么大的业绩呢？比如说思科、微软都是从这些小公司发展壮大的。

- 答：这个就是我们中国现在要解决的问题。现在，全世界都看好，说未来可能风转了，就转到中国来了，你现在赶到好时候，你现在创新的话，你可能就是中国未来的比尔·盖茨了。
- 问：还有一个就是你认为我们中国的教育和美国的教育有没有区别？美国教育培养出的学生创新能力会比较强。
- 答：这个与教育有一定的关系。但是我们中国也有好学生，比如清华、北大的同学出国到硅谷也有很成功的。所以也不能说我们的教育都比较差。但是我们现在的确缺少一流大学，创新能力相比国外也是差一些。
- 问：我还有一个问题，为什么会存在这种差距，为什么我们国家没有一流的大学，是什么原因呢？
- 答：这个问题，我觉得改革开放要有一个过程。过去我们比较穷，大学也少，人也少。现在我们有 2 400 万到 2 500 万的学生，当年我们才几百万学生，量也小。过去我们就是封闭式嘛，封闭式也解决了很多的问题，但是现在按照全球的竞争速度，我们实际上脚踏实地地干的时间还不是太长。人家，比如美国大学，都是一两百年奋斗，我们还没有这么长的时间。
- 问：张教授，想问一下您，您刚才说的针对创新企业的这些政策，都非常好，但是我不知道具体实施是什么时间？
- 答：这个你看网上，科技部有一个创新政策的介绍。去年创新大会之后，大概有九十多个政策陆续出台，现在还没有出完，可能每天都有一拨人在弄。我们制定这个规划和制定这个政策的规划一样重要。现在大概有二十多个部委，一大部分人一直在规划这个自主创新政策，这些都出来后我们还会制定更多的政策来完善我们的环境，使更多的人可以更好地创新。
- 问：现在，坐在我身边的都是浙江大学计算机学院最优秀的学生，但是非常遗憾，我们四个人都在微软公司工作，或者说我们在中国的土地上为一家美国的公司去创造价值，那么我就想问这样的一个问题，如果我在中国开了一家公司，我怎么能把这些人才吸引过来呢？国家能给我一些什么政策，让我能把这些人才抢过来呢？

- 答：这个问题很好，现在因为职业选择，有人会到微软公司工作，或者到中国的某些公司工作，将来也还会有人到外企去工作，并不是说到外企工作就不好。但是你说的这个问题是对的，就是我们国家应该为自己的企业吸引更多的人才来发展，这是我们的一个使命。我相信我们现在所有的努力就是为了做这件事情。当然我也充满信心，我们国家将来不仅能够吸引我们中国人在中国工作，而且世界一流人才也都愿意来中国工作，到那时候我们中国应该是全世界最能够发挥作用、最能够创造奇迹的地方。我觉得15年内中国有可能实现这个目标。

- 问：我想请教一个问题，是关于现在科技部和各地方科委都有一些科技基金，针对创业型的中小企业。那我们提供这些科技基金以后，有没有什么机制可以保障这些中小企业充分地利用这些资金来获得发展？

- 答：创新基金我们国家大概有几十个，包括国家的科技型创业，中小企业创新基金。据我所知，每年有100亿吧，这都是物质上的支持。就是你够条件的给你一笔钱，这些钱都比较少，多了就是百十万，一般就是几十万，给你以后你就好好发展，这是大循环，只要你发展起来了，就要给国家交税，主要是这样一种思路，这也是一个美籍华人教授向朱镕基总理建议的，朱镕基总理采纳了，在国务院设置一个基金，我们这个基金就在这儿，新中国成立以来最重要的一个基金，我是这个基金的第一任主任，而且我们当时就是这么考虑的。

- 问：您给我们讲了一个政策的、宏观上的考虑。我想落实到一个小的企业上，比如说一个高新科技的企业上，我们现在有免税的政策，未来还会有哪些政策对小企业有比较好的影响，这个我想了解一下，主要的政策有没有一些细节。

- **答**：对于小企业，在资金方面，有中小企业创新基金，企业在申请被批准后就能获得一笔钱，这是白给的，也不用还，只要符合条件就可以，而且是在网上平等竞争。此外，还有免税的政策，创办高新技术企业是两年免税第三年减半，另外你要是在"孵化器"里面，有的孵化器还有一个第一年就是免税，第二年减一半的，有的孵化器就更优惠一些，就是这种支持。

  另外国家还有一些政府采购政策、担保和补贴等。比如在深圳，要是有了专利，每个专利就可以获得一定数额的资金补贴，其他很多地方也有相似的政策。现在有很多地方都出台了实施扶持中小企业发展的政策，当然，还需要有更多的政策，才能扶持更多的中小企业茁壮成长，中小企业的发展从长远来说也是国家强大的一个表现。所以我们在初级阶段给它们一定的支持，这是应该的。而且，我相信国家在十七大之后一定还会制定更多的扶持中小企业创新的政策。

第九讲　构建全球化的创新体系

贺志强
联想研究院院长

讲到联想的业务整合不错，其实联想的创新体系整合也做得非常不错。我们最早完成了全球研发的整合，而且把所有的台式机研发全部搬到了中国。以前IBM台式机业务是亏钱的，现在我们的全球台式机业务也开始赚钱。而且整个笔记本业务，包括ThinkPad和IdeaPad，全都很好。

第九讲 构建全球化的创新体系

这个讲座的主题是"企业如何构建全球化创新体系",非常荣幸能跟大家一起分享我的一些经历。因为我在联想一直负责研发,所以也十分想跟大家分享联想在创新方面的成长过程。

中国企业从 1978 年改革开放到现在经历了一个革故鼎新的发展过程,而未来,创新在全球环境下必将成为决定企业竞争实力的关键要素。因为从我们自己的经验来看,在 2005 年全球化及和 IBM PCD 整合之前,我们认为联想在中国的 PC 市场是占有绝对领先地位的。

那时我们的感觉是,联想的技术创新在中国,无论发布什么东西都是引领潮流的。但那时你对技术创新的认知,和你面对一个全球竞争的市场,重新审视产业竞争力和客户需求的时候,感受是非常不一样的。

第一节 联想的国际化历程

我想简要地介绍一下联想的国际化历程。联想是在 1984 年由计算所的 11 个工程师创立的,当时我在计算所读研究生,1986 年正式加入联想。那时的联想,一年的营业额大概只有 300 万人民币。今年,我们的营业额规模将达到170亿美元,总体利润也会呈现一个大幅的增长,所以总体而言,这二十多年来,联想的发展其实非常迅猛。

从联想汉卡一直到今天,从做一个小公司,大家彼此之间都认识,到现在天天要开全球电话会议,这样的变化,其实对我个人的挑战也非常大。我觉得随着公司的成长,自己也在经历一个很独特的人生历程。我们现在全球有26 000多名工作人员,研发人员大概有2 000人左右。全球化之后,整体运作都是在全球。比如我们的工厂在美洲、欧洲、亚洲都有,我们的研发也是在美国、日本、中国,销售遍布全球160多个国家和地区。

当面对一个全球性的公司时,就会发现非常多的文化差异问题。具体到一个产品,中国市场的客户调研跟欧洲市场、阿拉伯市场和美洲市场的客户调研会非常不同。在整个全球化过程中,首先要树立的一个基本观念就是:思考问题的立足点要变,必须考虑全球竞争。当然,我们可以去复制一些模式来做,但如果立足到全球市场竞争的时候,情况就变了。现在我们大家都在全球卖笔记本,这就不是可以靠复制别人的模式来维持的了。我们必须在任何一个领域里都追求独一无二的创新,同时也必须认识到所面对的不仅仅是中国客户,还有美国客户,美国客户关心的东西可能跟中国客户关心的不一样。当面对不同市场的时候,这些东西就不得不去考量——我的一个产品设计之后,怎么去面对全球市场。所以我觉得中国企业全球化最根本的一条,就是怎么树立一个全球的观念。

全球观念的树立必须在全球市场的运作过程中才会逐渐了解。所以树立一个全球的观念是特别重要的。我们并购IBM之后,现在有两个品牌,一个是以前IBM的品牌,叫ThinkPad,另外,以前的Lenovo产品品牌现在叫Idea。ThinkPad主要打商用的市场,Idea是打Consumer消费市场,这叫做多产品品牌策略。其实做品牌的时候我们面临一个选择,这个选择我们讨论了很多时间。到底是用一个品牌Lenovo一直做下去,还是说Lenovo是一个公司的品牌,然后下边是两个产品独立品牌——ThinkPad以做商用市场和Premier高端市场为主,Idea以Consumer和主流市场为主,这些定义其实也是要花很多时间分析的。真正要培育出一个品牌，要花非常多的时间和金钱。所有的品牌形象，都要在全部产品一年又一年的宣传和产品创新设计过程中保持一贯性，这一点非常不容易。公司整个的资源配套要能够和产品之间不冲突，而且又互相补充，有很多因素要综合考虑。

我特别想跟大家分享两个结果。第一个就是我们整合之后的三年，在中国仍然保持非常高的市场占有率，并且还在成长。整合之前，也就是 2005 年以前，2004 年联想在全中国的 PC 销售一年大概不到 400 万台；而三年以后，在中国市场——不算海外市场，我们销售了 1 000 万台 PC！也就是说，我们继续在中国市场保持了强势的领先地位和非常好的市场份额。其实我讲这些之前，想说的是另外一件事。如果认真去做市场分析的话，就会发现 PC 是一个开放的市场，因为它的体系架构和技术都是开放的。如果去调查一下就会发现，没有任何一个国家的任何一个品牌的 PC 能够持续超过 30% 左右的市场份额。某一些品牌在某一年可能偶然超过了 30%，但很快就会滑下去。在单一市场里，持续保持 30% 以上的市场份额，联想是独一无二的，我觉得这一点也证明了联想对中国市场的把握和联想本身的企业竞争力。

大家可以看到，2005 年是联想整合的第一年，我们在全球的利润从 2006 年开始，每个季度都很可观。2005 年联想整合 IBM，大家都说是蛇吞象，很多人都不看好，连我们自己都非常担心。如果在课堂上学过并购这一课的话，肯定知道麦肯锡有一个研究，即在全球大的并购里边，70%，也就是大约 2/3，是不成功的，只有 1/3 算是成功的——算成功就说没有彻底的失败，但真正能够实现非常强势增长的案例，是非常少的。所以并购特别具有挑战性。但是，我们的整体纯利润率在不断增长，每个季度的纯利润率也一直在增长，这是衡量一个业务健康不健康非常重要的一个表现。

能做到这一点的话，我觉得其实可以讲一些背后的原因。2004 年年底，IBM 找到联想，希望我们把他们的 PC 业务买下来。其实在此之前他们就来找过联想，但那个时候我们说不行。当 2004 年再次洽谈时，我们就觉得这件事值得商量一下。因为在一个单一市场里拥有40%—50%的份额后,再想成长已经很难了,而且也不符合联想的抱负,联想一直希望做一个国际化的公司。那段时间我们开始认真地研究,我们的高管几乎是每个月花差不多半天到一天时间去研究这件事的可行性。争论中最大的问题就是我们有没有能力去把控这个整合,因为那时候联想的营业额大概是40亿美元左右,IBM PCD的营业额差不多是90亿美元。我们面临的第一个挑战是有没有可能把那么大一个业务消化掉。第二个问题是说如果买下了IBM PCD,那以后这个公司肯定要讲英语,这就牵扯到一个特别大的问题。从现代管理的角度讲,现代管理是从西方起来的,学校中学的所有课程很少有我们自己的。我看到北大总裁班讲一点中国的哲学和管理了,但是大家学的很多课程,包括课程的分割都是西方的体系——Finance(金融)、Marketing(市场营销)、HRM(人力资源管理),这些东西都是西方的理论。在这种情况下,IBM又是一个很领先的公司,如果中国企业去购并了这个企业,人家会不会服气,能不能管得了这些人,能不能把这些人都留下来,这些都是特别具有挑战性的问题。第三方面的问题是全球市场,我们买了这个公司之后能不能保证这些客户仍然买以前IBM做的东西,就是ThinkPad的东西。如果走出去看的话,中国企业很多还是处于一个大批量低成本的品牌形象。实事求是地讲,人家想到中国的产品可能就是质量普普通通,量大,价钱很便宜。在沃尔玛卖,ThinkPad是高端,是卖得最贵的笔记本,并购后人家还认不认呢?我们卖的都是大客户,比如可口可乐、微软、麦肯锡这种客户,他们如果不认,你就会大批大批地丢单。

这些问题其实都是我们非常担心的。最终得出的结论就是,我们这些高管跑到美国、日本的IBM参观,就PC这块业务跟他们当时的高管做work shop做了两天,两天之后至少我本人有了非常大的变化,我觉得这事可以,可以做的原因是什么呢?就是因为它是IBM。IBM有几个特点,我们经过认真研究,觉得可以做。

第一,IBM的企业文化特别好,而且非常注重员工发展。拥有一个很正派的企业文化，同时又非常注重创新，这是我们下决心的一个最重要的原因。我在想如果换一个企业我们还会不会做？我觉得可能都危险。如果研究历史上 PC 整合的案例，会发现，三星曾经购买过当时在美国 PC 卖得非常好的一家公司 AST。联想做过 AST 的代理，联想做 AST 代理时，它在中国市场上排名第一，那时候 IBM 都不是第一。买 AST 之后，当时三星派过去做 CEO 的那个经理人亲口跟我说："你们千万不要买美国公司，根本搞不定。"最后三星就把这个公司完全关掉了，没有 AST 了，成为一个失败的案例。所以我觉得对方是 IBM 成了我们下决心去购买的一个非常重要的原因。

第二，从 IBM 业务本身，我们会去看有没有机会赚钱。如果说业务本身就有问题，比如说它的产品非常不适合市场需求，它没有市场竞争力了，或者它团队的技术没有竞争力了，如果存在这种情况，那买了这家公司其实也是没有价值的。比如说过时的技术、过时的团队，都是没有价值的。所以，在我们参观美国和日本，特别是日本的三百多人的 ThinkPad 的研发团队之后，我跟杨元庆说，现在买的这些东西里最有价值的就是这个团队，只要这个团队的人才不流失就没问题。那时候买 IBM PCD，其实它的销售体制全是大平台的，不同的产品都往平台上放，所以你切下来的销售人员其实不是真正的销售，销售队伍我们必须自己建。我们当时觉得日本那个产品研发团队确实是全球最好的设计团队，拥有最好的产品，这是促使我们下决心的特别重要的原因。我们买来的这些东西的价值还在，而且它跟联想无论是产品还是客户群都非常互补。联想 PC 主要以消费客户及中小企业为主，而 IBM PCD 主要是以大客户为主，IBM PCD 主要做商用客户。同时，IBM PCD 在中国的市场份额很小，非常高端，而联想在海外一点市场份额都没有，所以双方在客户、地域以及整个的业务和技术方面都很互补，这就使我们觉得，这件事情会有非常大的整合优势，从这个角度来讲，也成为我们下决心的一个非常根本的原因。

谈到可以整合了，但是怎样才能整合成功？我觉得这对战略设计是非常大的挑战。所以讨论之后,最核心的一个问题就是 CEO 是不是要一个外国人来当?根本问题就这一个。我去沃顿那段时间跟我们同学聊,他们就说,我们很了不起,有很大的胸怀,CEO 要给一个外边找的人来当。我觉得这是一个非常大的挑战。在我们的组织架构图上,CEO 的直接汇报人,那真的是一个国际化的团队,一部分原 IBM 的人,一部分原联想的人,然后一部分原戴尔的人,还有原麦肯锡的人。都是来自不同国家的人:有中国人、印度人、越南人、美国人、欧洲人。中国企业高管团队最国际化的就是联想,绝对没有其他任何公司可以相比。

第二节　联想的技术创新过程

下面,我想讲一下创新。因为实际上技术创新和创新实现一定是未来中国企业最需要的。过去几年,可能销售和市场很重要,但是我相信未来一定是技术创新和创新实现更为重要,所以我讲一下联想在这方面的发展历程。

总体来讲,联想技术创新大概分为四个阶段。第一个阶段就是在刚刚创业初期,也就是 1994 年联想在香港市场上市;第二个阶段是事业部模式,PC 在这一段时间取得了高速发展。在 1996 年的时候,联想第一次在中国市场份额开始排名第一。那个时候,整个研发是一个事业部研发体系。到 1999 年,联想开始建立一个真正的公司级的研发体系,我们叫二级研发体系。开始有公司级研究院,下边有事业部形式的开发队伍。从 2005 年开始,联想全球化的过程大概分四个阶段,每个阶段其实都各有特点。联想是一个靠技术起来的企业,从 1984 年(1981 年是 IBM),就是在 PC 开始出来之后,那时候面对的第一个问题就是所有 PC 的软件都不能处理汉字。

所以我觉得解决汉字的问题是联想挖的第一桶金,产品就是联想汉卡。大家现在用到的很多拼音输入法(比如手机上什么的),很多输入方法的专利在这儿。

当时联想非常重视研发,但是后来发现有一个问题。就是所有的研发和事业部是分开的,就是一部分人管研发,然后公司管销售。但是我们发现出来的很多技术产品在市场上不成功,比如联想汉卡之后又研发的一个新产品就不成功。不成功的原因很多,比如我们那时候是小公司,又没有能力管理多条产品线,不会做创新转化管理,甚至完全就没有概念,所以很多创新投入就没有产出。这个时候公司管理层就说这样效率太低,需要成立事业部。所以在后来这个阶段就开始成立 PC 事业部、汉卡事业部。成立事业部之后,最大的好处就是那时候的事业部"产品、研发、生产、销售、供应"一条龙都做了。开始成立多个事业部运营,但最后成功的主要是 PC 业务,当然也跟中国市场的成长有关。后来汉卡就慢慢地融入 PC 里了。那时候主要成长起来三大业务,一个是现在联想集团自有品牌的 PC,一个是分销公司——就是现在的神州数码,还有一个香港的上市公司。1994 年联想在香港上市,不是联想 PC 上的市,而是联想做显示卡和主机板的业务上的市。最初这两个业务是切开的,后来是把 PC 业务注入到了上市公司里,那是资本操作手法。这也是公司做大后可以用的一个手法,就把整个北京的业务打包装到香港的上市公司里。然后联想的股价从五毛钱涨到了 70 块钱,我觉得最大的原因,是大家看到联想把北京 PC 的业务装进这个上市公司之后,未来的潜力还是非常大的。所以那个时候通过事业部发展模式培育出三大块业务。

但是到 1999 年的时候柳总跟我说,他感觉有点问题——虽然有很多产品不断推出来,但觉得后劲不足,因为缺乏公司级研发。我在前端事业部做过,回过头来做公司的研究和技术,确实发现这两部分人员想事情是完全不一样的。如果说我们没有公司级的研发,所有的事业部在经营压力下,肯定都是短期行为。这个短期行为一两年是看不出问题来的,但三五年之后，你就会突然有一天发现有问题了。举个最简单的例子，联想在2002年以前90%的销量都是台式电脑，比如说卖200万台电脑，20万台是笔记本。所以笔记本在那时候是不做自主研发的，大都是从台湾厂家买来，业务很小，赚不了很多钱。但是那个时候，杨元庆觉得台式电脑可能会往下掉，他觉得如果联想不做笔记本的自主研发，在五年以后就会非常危险。所以从2002年开始，我们从台湾请了大概七个人，在联想研究院成立了研究室。这个研究室就是自己把笔记本研制出来，完全掌握笔记本的自主研发。大概做了一年，在2004年第一款自主研发笔记本上市，那时候总共才卖了一两万台。这奠定了笔记本从2004年开始到今天，每年都是100%的成长速度，而利润达到200%—300%，现在笔记本的销量在全球马上就要超过台式电脑了。但是如果当时你让笔记本事业部的总经理投自主研发，他是不会投的，因为他总共的利润可能一年才5 000万元或者3 000万元。由此可见公司级研发体系的重要性，它要站在比较高的高度去为未来做准备。除此之外，还有一个关键问题就是要有能力把研发投资最后转换到前端市场变成竞争力。如果仅仅是做公司级研究院的管理，特别容易变成一个什么情况呢？就是研究院有非常多的投资，研发人员都很高兴，但如果三五年后算账的时候，发现投的钱里面真正转换成事业部竞争力的非常少也是问题。所以我们建立了一个叫做二级研发体系的架构，就是在公司和事业部研发之间建立非常强的interlock内部沟通，以保证事业部能够有时间了解未来的技术趋势，又保证公司级的研发能够了解事业部最需要什么。这样，经过五六年实践，联想二级研发体系的建设还是不错的，形成了独一无二的研发体系。

那么到了2005年以后，当然就是一个全球的创新体系了。如果我们看联想现在的创新体系，有一点我觉得非常自豪的，就是联想创新三角。我们日本YAMATO的研发、美国的研发和中国的研发，这三地的运作非常有特点。但是在全球的竞争管理中，必须要做心态的调整。第一就是必须要用不同民族最优秀的人才。如果从中国企业来说，现在研发人员的人均费用跟日本和美国比，大概还是1/6左右，就是在美国或日本雇用一个员工在中国大概可以雇六七个。但是，如果你真的去做全球竞争的时候就会发现，必须要用不同民族最优秀的人才，这叫多元化，你会发现这样创新才会真的有竞争力。比如，最近从日本团队派了大概十个人到中国来工作，现在从美国也派了不少人来中国工作。日本人没什么感觉，因为日本文化跟中国文化一样，民族比较单一，都是中国人或都是日本人；但是美国人来联想实验室工作就觉得特别奇怪，他觉得你们怎么全都是单一文化背景的。因为美国是很多元的文化，旁边有个印度人、一个中国人、一个黑人，都很正常。但在中国看到周边都是同一文化背景的人，觉得很不适应。那么反过来看这件事情，你就会体会到其实多元文化有好处。

我们日本团队大概有三百多人，美国大概研发人员也有两三百人。在全球项目协作的过程中，我的感受真是完全不一样。处于这个位置决定我要协调这些人来做事情，倾听不同人的建议，就会发现每个民族都有独特的长处和思考问题的方式。在现有的中国企业里，可能只有联想有这个独特的经历。为什么呢？因为联想并购的是IBM PCD，像YAMATO团队的三百多人和美国的两百多人之前都是IBM的品牌，是IBM这家公司雇用的人。我相信IBM无论在美国还是在日本都能雇用到第一流的优秀人才，在中国也都是请的第一流的人才；而且我也非常相信联想在中国请到的也都是非常出色的人。所以突然有一天我发现，当团队中这些优秀的人一起工作的时候，可以说给大家构建了一个平等对话的平台，这也是联想的独特之处。在这样的情况下，雇到了日本、美国和中国最优秀的人才，而这些人能够平等互动，这个创新三角的特点就非常明显。有非常多的好东西能够靠这些人的互动做出来，这一点使我相信：全球化就一定要用全世界不同种族的优秀人才。这是联想能够在这两年走得还比较顺利的一个非常重要的原因。所以在我们的新文化里边，把最早的"诚信共享"做了小小改动，叫"多元共享"，英文是Team Work Across Culture。就是说要欣赏不同文化背景的人，然后去体会他们的长处。

举个例子，比如ThinkPad最新发布的这个X300，X300这个产品是挺不错的，这个产品出来的过程也挺有意思。它主要的先头设计团队是YAMATO团队，但是在整合的第一年——2005年，我们在做联想的技术未来发展趋势时有一个非常重要的结论，就是PC以前是一个商业的工具，但现在更多是个人伴侣，英文叫做Personal Companion。我们在当时有一个非常重要的结论就是我们要向手机学习创新。那一年最流行的手机是摩托罗拉的那个超薄手机RAZOR。后来觉得ThinkPad可以做这样的东西，所以当时就画了一个特别薄的ThinkPad，跟ThinkPad团队讲这有可能是一个机会。这个产品有很多的创新。用的电池就很特别，是美国团队做的。这种银芯电池比普通电池高20%的能量，而且安全不会出问题。整个的主机板则是深圳的团队设计的。在这个全球一起来做的项目中，如果讲这三个团队的特点，会发现日本团队工作非常精益求精。我觉得ThinkPad只有日本的团队才有可能做出来，因为它的文化非常讲究细节。所以ThinkPad你要么不用，一旦用了肯定会喜欢它，因为它非常讲究细节，比如说大家都说它的键盘是最耐久的，而且按键时力的反馈都是特别设计，会让你的手指很舒服。所以我觉得日本这个团队的文化是使ThinkPad能够持久领先的非常重要的要素，我们日本三百多人的研发队伍，今年是整合的第三年，已经过了两年的保护期——我们有一个留人保护期，没有一个人辞职，我觉得联想这点还是做得相当不错。

美国人的体系架构设计能力特别强。联想现在有个产品叫远程计算机服务，在美国上市的，概念是中国和美国团队一起提出来的，然后开发主要在中国做，在美国部署。美国团队不擅长后台程序编写，正好联想中国团队有人会做这个后台的开发。

其实这个跨文化团队之间的共同合作，确实是非常有效的一个创新架构。我可以非常自豪地讲，我相信还会有更多，而且是非常激动人心的创新会出来。我们从2000年开始，建立了一个叫Innovation Design Center的公司级创新设计中心。这是一个世界级的设计中心，现在有一百多人。那时候成立了两个部门，一个叫 Industry Design，后来改成 Innovation Design；还成立了一个实验室，做用户研究。这两个部门现在是我们创新重要的原动力，就是以科学的方法去了解用户的需求。所以不论是办公还是创业，建议先成立这样一个部门，就是以科学的方法来研究用户和用户体验，这非常重要。现在所有的互联网公司都有这个部门，因为互联网的特点是用户所有的行为它都可以及时了解到。我们现在有个 Lenovo labs.com，也在做一些实验。此前从未宣传过，我们今天有一个产品居然还得了创新应用奖，你会发现它的特点就是与用户交互很近。但是很多产品，跟用户交互很远的，比如说我要设计一个 ThinkPad，我要设计一部手机，在设计的过程中，得到用户反馈的周期非常长。但要保证定义这个产品的过程和用户体验最科学，用户研究的实践与设计就显得特别重要。

我觉得用户对未来产品的开发和设计非常重要。2008 年奥运会的祥云火炬是联想设计的，很多人说是不是因为联想是奥运的赞助商，所以才让你们设计火炬？不是，今年是奥运历史上第一次，火炬是由一家公司设计的，以前都是个人设计。但是为什么这个公司能赢？当时从三百个方案里先进入前十，我看那前十的方案时就说我们肯定赢。我们那个设计确实很独特，这是第一。第二，这一个设计凝聚了很多专业人才的心血，我们是团队合作，但很多其他设计就是一个设计师来设计。所以我觉得设计在未来整个产品竞争中很重要，而且我们那个产品是得了 CES 大奖的，其实就跟设计很有关。基于对创新的深刻认识，在 2000 年，联想开始投资成立创新设计中心室，这几年逐渐变成联想核心竞争力，其实研发是一个长期投资的过程。

第三节　创新管理的必备要素

其实创新会面临很多的挑战：第一，你能不能尽可能对未来有一个判断。因为任何创新的投入，不仅仅是研发投入，都要有一个积累的过程。很多时候人会动摇，从一个业务领导人的角度讲，无论开始做什么创新，比如说设计一个网站，其实一直是一个投入的过程。很多人以为这个产品出来就会赚钱，其实根本不是，产品出来到赚钱还有很长时间。所以会发现当我们想把这个技术成果转给事业部或者公司运营的时候，任何一个企业，如果你自己当老板或者去做事业部领导的话，都会发现自己非常犹豫。因为你知道这会赚钱，但是这段时间可能坚持不过去。因为这段时间仍然是在投资，一直要到这儿才会赚钱。这个时间大概有多长？如果你方向非常正确，市场也起来了，基本上是三年。

联想现在有一个孵化模式，就是要研发系统再承担一个责任，保证把它给到事业部的时候，可能过个一两年就会变成一个健康的业务。这一点是非常重要的，对未来看清楚之后，仍然需要非常坚持，才有可能会有一个承诺：即使赔钱我也会投资，因为我知道未来会赢。这是任何一个企业的一把手都必须具备的基本素质，不然的话很容易被别的企业超过，因为你对未来永远没有准备。

第二，怎么去管理产品和业务的组合。可能大家都学过战略的金牛、明星产品，美国人讲教材特别愿意画四个格的这个图。不过画图容易，真正轮到具体的业务时，怎么摆这些东西，怎么把案子做得更大，未来要布局投资一点什么，哪些在赔钱的时候要坚持住。好多时候如果要孵化的东西太多，占用资源太多，可能就会把公司给拖死，所以有时候得忍住。比如我现在有几个东西根本就摁在那里，只是在做技术。其实我知道这几个东西挺好，但到现在也不去进行产品转化，因为得考虑企业有没有足够的承受力去孵化那么多的技术。比如我们刚才提到的 X300，那个投资因为是很多日本团队的加入，因此一个开发的投入都是几百万美元。这都是成本，所以要清楚这些东西怎么去组合。

第三，怎么能做到成功链接。因为实际上研发是这样的：投资不可能全赢。如果全赢，那就错了，风险太小，肯定回报也低，但是又要保证投资回报最大化，所以与业务部门的互动就显得特别重要。

创新的文化也是特别重要的一点。其实创新的文化与公司领导有很大关系，因为创新从投入到回报有一个特别长的周期。所以当时杨元庆要做公司级研发、做联想研究院的时候，我问他最重要的问题就是："公司有钱时你投，公司亏钱的时候你是不是要接着投？"因为这个东西得到回报都是三五年以后的事。所以企业一定要想清楚要不要做研发。企业做开发是肯定的，要做产品肯定要做开发；但要不要做研究就要想清楚几件事。第一是不是想做一个技术创新公司？这事可以不做，不做技术创新照样可以赚钱的，好多公司其实靠运作也能赚钱。做不做研发，其实就是你要不要做一个技术驱动型的公司。

另外，能不能有一个承诺，无论公司经营情况好坏，都会拿出钱来做研发。因为好多研发都在曙光显现之前给杀掉，但是熬过去的话，它带来的回报也特别高。可以给大家举个例子：联想笔记本自主研发。在没有做笔记本自主研发之前，我们的毛利率大概是十个百分点；然后到了今天，我们笔记本的毛利率是 20%。这是 Lenovo 品牌的毛利率，Think 品牌的还要高。这么大量的产品增加十个点的毛利率，如果你做经营，可以算算那是多大一笔账。先不谈创新，只是笔记本从外包变成自主研发，掌握如何做之后，回过头来找其他企业合作，这样成本降下来了，运作效率提高了，产品竞争力也提升了。另外联想做信息安全技术，最后把信息安全业务分拆出去，它的毛利率是 70%。那纯粹是一个高科技的产品，但是它开始的前几年也在生死边缘挣扎了很长时间。所以我觉得，一个企业是不是要做创新其实是可以选择的。但是如果你做了选择，第一要有眼光，或者你的团队一定要有眼光；第二要有一点耐力，就是在最后坚持一下，要有点机制。所以如果你去做企业，请一个人做技术，这个人确实是要有一些业务的感觉，而且要非常地坚持，所谓有业务的感觉就是他要知道自己所做的事情是要赚钱的，如果不赚钱不算成功；但是他也要知道，教育我们整个管理团队和前端的销售队伍认识到这个技术的价值是需要时间的，不要试了一次不行就退回来，那损失就更大了。所以说，创新的文化其实第一就是怎么有耐心，第二个就是要清楚不是所有的创新都会变成一个业务的模式，但是要追求业务价值的最大化。

联想创新还有一个技术职称体系。联想最高技术职称叫 Fellow，我们目前有两个 Fellow。他们有 VP 的待遇，没有 VP 的烦恼。这给了工程师一个非常好的职业升迁台阶。

讲到联想业务整合，其实联想的创新体系整合也做得非常不错。我们最早完成了全球研发的整合，而且把所有的台式机研发全部搬到了中国。以前 IBM 台式机业务是亏钱的，现在我们的全球台式机业务也开始赚钱。而且整个笔记本业务，包括 ThinkPad、IdeaPad，全都很好。去年很多人质疑 ThinkPad 到了联想之后会不会就不行了，但去年是 ThinkPad 在历史上得奖最多的一年。我们的 IdeaPad 一经推出就在全球得了一个"Best of CES"大奖，那是很大的一个奖，美国人非常认可的。当时得了这个奖，联想国际的那些 SVP 比我们还高兴。他们很清楚，我们的设计是非常不错的。

联想的创新体系构建

我自己其实也是跟着联想的技术一起成长的。中间曾做过一段时间业务，对业务也还比较了解。在这个过程中，我觉得有些经验挺值得分享的。

第一点是在构建联想整体创新体系的过程中，外界有很多不同的声音，因为联想也算一个比较知名的企业。有几条自己心里一直非常清楚：联想的研发一定要跟企业发展的阶段相匹配，不能人云亦云。比如说在十年前，其实我们也不会搞研究，联想根本就没有能力去做研究，那时我们连开发都做不好；三四年前，人家问我：联想的研究做几年的？我说就做三年的。人家说 IBM 做十年，我说那是 IBM；今天你问我，我会说我们的研究必须要做到 3—5 年这个阶段才行，不然的话我没法做到领先。所以研发要与企业的发展阶段相匹配，但是又要比企业战略先行一步，因为我们一个高科技公司，很多时候技术会引领整个企业的变革。

第二点就是企业领导的承诺。要做一个什么样的公司，管理团队要想清楚。什么样的公司都是可以做得好的，但到底要不要做一个技术创新领先的公司，这点其实是公司管理团队的承诺。当然要有一个非常好的技术管理团队，因为纯粹技术的思维与技术加业务的思维还是不太一样的。能不能找到一个好的技术领军人物，既能理解技术又能理解业务，而且还要有很好的带团队的能力，这个也特别重要。

第三点是其实很多公司都做研究，做得也很好，但是实际上包括联想的研究也一样，永远都会面对一个挑战，就是你的研究对企业的贡献有多大。所以永远要记住一点，做企业和在学校或者研究所做科研不一样，企业做科研就是要把技术变成钱。这个毫无疑问，只不过变成钱的时间是三年、五年还是十年，必须要变成钱。这才是企业研发人员的价值。

第四点是有些关键的技术链接其实需要一把手来推动。比如说我们当时笔记本从没有自主研发变成要有自主研发的时候，那是压下去的。我跟杨元庆说，笔记本事业部必须要把它接下来，花钱也得接下来，头一年不赚钱也得接下来。现在事业部吃到甜头了，那时候从它本部门利益的角度讲，它是不愿意接的。有时候我也会推不动，那就需要一把手出来压。在这个过程中，我觉得高层要有感觉。当然不是所有的事情都要一把手出来，但是在关键点的时候需要高层决断。当时我们手机的自主研发也是一个例子，手机自主研发从每年10%的自主研发变成70%都是自主研发，毛利率从10%一下升到27%，那也是摁下去的，必须转化。转化就是前几个月痛苦，挺过去之后，业务部门负责人就会尝到甜头，因为毛利率提升对他是极大的帮助。不仅毛利率提升，对供应商、对整个的市场的控制力都提升的时候，他马上尝到甜头，自动就转过来了，再想让他回过头来做OEM都不做了。所以我觉得，在关键点是需要领导去把握的。

第五点对我来讲是特别重要。就是联想的技术创新体系是一个不断摸索、学习、总结的过程。但必须要在了解本企业特点的基础上，科学地总结规律，这一点我觉得是特别重要的。

最后一点就是一定要学会用全球的资源来做创新。我觉得要做全球化不仅仅是研发方面，其他的也一样。要拥有一个全球的观念，然后善用全球资源。给大家举个例子，以前我们自己想个什么点子就会铺下去开始做，而现在我们会提前做很多事情，比如有了点子之后先看全世界有没有其他人有同样的点子，这些点子到底怎么样，然后才去做。有了这些基本的思路，立足全球去思考问题，然后追求世界一流。我觉得这也是特别重要的。

● 师 生 互 动 ●

- 问：贺老师，我想问您一个问题。现在在技术方面、业务方面应该是创意比较多，模式方面的创新，如电脑销售这方面，则好像萝卜白菜没有实质性定义。

- 答：我觉得这个业务模式创新，联想现在在全球实行双模式，就是大客户和消费客户的经营是完全不一样的。比如说大客户的销售模式是人盯人，长期的，包括产品模式都不一样；而消费客户是产品驱动的，我推产品，客户可能见不到这个销售人员一对一卖产品。怎么去把这两类产品内部的核心竞争力构建起来，那是完全不一样的。因为大客户一个产品可能三年后还要用，但消费产品可能一年过去我就换一拨产品，这个产品我库存一年就好。怎么在内部业务模式上来配合前端双模式，这个就非常需要创新，这是一个例子。还有一个例子是我刚才说的，现在销售之后怎么能够把 PC 的服务做下去，我给你举个最简单的例子。如果你有兴趣，可以让有经验的人给你看一下你的 PC，可能发现里面有很多间谍软件，你都不知道，对吧。我们建立了一个远程服务模式可以提供远程诊断服务，有问题可以给你提供帮助。这个就变成一个服务模式，不是简单的产品模式。如果你们学 MBA 课程的话，其实终极的企业目标，应该是做服务，这是最好的企业模式。但是我想说，这个业务模式创新——大家都学这个课了，其实我也上了课，读了很多书——发现很多东西其实是一种假象。为什么是一种假象？就像我刚才说的，比如说我们的双模式也好，服务的模式也好，它绝对不是说我们拍脑袋弄出这样一个模式再去实践。这种情况有，但是很多业务模式的创新，都是在市场实践过程中不断调整出来的，这个心态要有。你说拍脑袋想一个东西有没有，有。我不知道你们做不做案例分析，如果案例分析 PAY PAL 那个电子支付公司，那个公司一开始没想做 PAY PAL。如果你反着看这件事情，好像他们多有眼光，提前知道做电子支付，其实不是这样。如果认真去分析这个案例背后的原因，你就会静下心来去说，真正的竞争能力是在竞争的过程中不断调整步伐，就是说最会学习、最会调整的企业才会赢。然后在这个基础上，回过头来看，你会说："我的业务模式有非常独特的地方。"比如说大家都用的百度，百度上面有百度知道。我相信李彦宏也不是一拍脑袋说我们弄个百度知道，他是在跟网民互动的过程中，说："这个需求很大，我们把它单独拎出来做一个服务。"

- 问：我想问一下，联想的愿景是什么，它的企业文化是什么？联想现在在国内是相当厉害了，但是它到国外的竞争力到底是什么样子？
- 答：我觉得联想还是希望运用 IT 技术使人们的生活更加丰富多彩。这是我们很早就定下的一个目标，这是联想的愿景。我们的文化还记得吗？叫"服务客户，精准求实，多元共享，创业创新"。第一是服务客户，还有是一直讲究创业精神和务实的态度。

- 问：贺老师，您好，我想提两个问题。第一个问题是：联想并购IBM PCD，除了协同效应、资源效应之外，您觉得能很好地消化IBM PCD的最关键的因素是什么？除了你说的搞新市场研究之外，它跟事业部还有什么样的组织结构，或者业务流程？

- 答：我觉得联想能够在整合IBM PCD过程中做得比较成功，就是因为联想的文化和管理团队在中国企业中相对来讲还是比较具有全球化视野的，是非常不错的一个团队，这点很重要。这个团队一个是整体文化不错，一个是高层和中层管理团队在整个公司建设过程中，不断在学习国际先进的管理经验，所以很容易跟其他国际公司对接上。其实像麦肯锡也给很多公司做咨询，他们会发现其他企业高管可能也很不错，但中层这一拨跟联想比——别人说的不是我说的——可能就会发现有差距。保证联想具有比较国际视野的管理团队和文化，我觉得这是成功的基石。第二个你说的怎么保证技术转化能够成功，在机制保证上，我们有一套体系，刚才我没时间讲，这个体系包括联锁、技术转移、技术评价等一系列流程。

- 问：就是说原来的这些团队没有把IBM PCD做好，您把它收购来，还是可以做好。

- 答：就是因为联想真正懂PC业务。实际讲，PC业务在IBM发展不好的原因主要是两个。第一就是PC那个时候在IBM整个大的体系里面不受重视了；第二个原因是，如果你分析IBM的业务的话，会发现它的成本居高不下，但是人最难做的就是自我革命。

- 问：咱们都知道三星这个企业在做电脑的同时也做其他的，它是垂直的模式。联想有没有想过也有这样的发展？

- 答：我觉得这是一个特别好的问题，其实亚洲企业，包括日本企业、韩国企业，都是这样上下游串起来的发展模式，它的最大特点其实是有非常大的资金需求。韩国企业是政府给了非常大的支持，日本企业是财团给了很大的支持，如果没有钱，上下游是做不起来的。联想都是靠自己一分钱一分钱去赚的，在过去的30年内不可能走这样的道路。未来有没有可能这样，那是要另外讨论的问题了。

- 问：我想问，在这个整合过程中，联想带给了IBM PCD什么？另外就是，在这个过程中IBM PCD是不是也给联想一些启示、一些启发，这些是怎么整合的？

- 答：我觉得联想能带给IBM PCD什么，这其实是我们在整合IBM PCD之前必须分析的，就是说为什么接过来之后能赚钱，哪部分的效率可以提升？比如我们当时研究了他们的销售、研发，以及生产、服务，分析所有的成本。所以，过去的三年就是我们一路把低效的地方去掉的过程。在这个过程中，IBM PCD带给我们最大的启发就是全球的视野；还有，所有的创新都要做世界一流，不妥协，要不就是世界一流，要不我就不做。我觉得这一点是IBM带给我们的。联想带给IBM PCD的是高效，最核心的就是高效和毫不畏惧的精神。你跟IBM PCD的人聊，会发现IBM PCD很多人因为已经在行业很多年，会比较偏保守。所以这两个团队融合之后，其实IBM PCD的人学到了很多，他们的心态也变得更加开放和接纳起来，我觉得这是特别重要的一点。

- 问：第一，您对自己的产品怎样定位。第二，就是联想商标，如果美国人读的话没有什么难的，中国人读的话可能不知道是联想。Let's move，肯定想你们当初这个商标是怎么创立起来的？你们要注意技术市场，但是商标这方面的解释，是怎么创意的？

- 答：先说产品的问题。我不仅仅用诺基亚的产品，在办公室还摆了苹果的设计，我还有索尼的产品，什么产品都有。在公司的位置决定了我必须体验别人的产品。所以你不要奇怪，我什么产品都用，我的办公室里有各种新奇玩意儿，因为做我这个角色要了解竞争对手。

我觉得在手机行业里面，你要看的是谁很重要。我们就是要看诺基亚是怎么做的，这个特别重要。刚才提到 Lenovo，这个是品牌调研的最后结果，就是仁者见仁，智者见智。

- 问：现在直销模式，尤其是戴尔是一个总趋势，请问联想对此做何反应？而且我们如何协调产品的营销模式，传统的分销模式与直销这两个之间怎么协调？

- 答：我觉得其实所有的模式都是后来说出来的，戴尔现在也在学分销模式，学其他模式，其实大家以前宣传得很多的直销模式，归根到底就是怎么提升供应链的效率。这个东西其实我觉得现在全世界前几名企业都做得很不错，不仅仅是戴尔做得不错，惠普做得也不错，联想做得也很不错。根本来讲，大家现在都是在用一个混合的销售模式。因为直销模式在面对消费客户的时候，有非常大的问题，尤其在发展中国家是不成立的。

- 问：贺老师，因为杨奇教授在说到全球背景下中国企业的发展战略时，例子就是沃尔玛刚开始到英国发展的时候，遇到一些很大的问题。那请问联想向全球发展的过程中遇到哪些棘手的问题，又是怎样解决的？

- 答：这真的是个好问题。我觉得联想遇到的最大问题还是文化整合。因为在这个整合过程中，像我们现在的高管团队里一多半都是西方人，大家在很多观念上很不一样。我可以举个最简单的例子。我们最早讲双模式，要建立一个叫交易型客户，就是消费客户的这种模式，IBM 团队一直做大客户，根本就不能理解你为什么可以定义一个产品，然后就强推给客户，而不是说我要听客户的需求。因为做交易型客户是我们教育市场，当然也要做客户研究，但我们会教育市场，说这是未来的趋势，你应该买这样的产品。但是服务大客户的时候，他的需求是要跟你一块定义这个产品，定义完了之后，三年不许改，你必须保证给我供货。完全就是两边讲话根本就讲不到一起的。所以这些文化的问题，其实是最根本的整合问题。还有比如说我们要去做调整，大家都知道我们做过两次裁员。在西方裁员，很多中国企业出去根本不知道应该怎么处理，比如说工会法律是怎么处理这些事情的，所以我觉得对于文化的不了解可能是最大的挑战。

- 问：谢谢贺老师给我这次机会。我对于企业的第一桶金非常看重，希望能够了解一下，联想这个企业的第一桶金是在什么时候，赚了多少钱，然后取得这桶金最重要的因素是什么？
- 答：好问题，好问题！我觉得联想第一桶金应该就是我刚才说的汉卡赚的。我们的第一次赚钱应该是1985年左右，大概赚了300万人民币。后来汉卡一直给联想赚了很多钱，大概加起来有几千万，这是因为它本身是一个好的产品。